AF502331

8 mai 1911
10

COLLECTION ALEXIS ROUART

(QUATRIÈME VENTE)

Tableaux

AQUARELLES, PASTELS, DESSINS

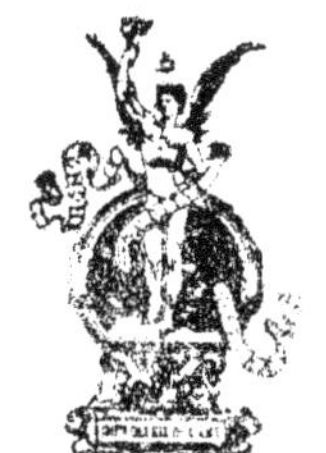

Tableau. 69. (lundi) Dufeu Un calcillot.
Mardi de 180 à 300.

+ 184 Aubry La déclaration aquarelle.
185 – id –

197 Cals.

196 L Boulanger aquarelle.

? 194. Bonhomme.
211 Dauzats.
208 Daumier. aquarelle.
231 Devéria aquarelle.
(de moi) 227
248 Garnerey ou
246. Gardanne.
223 Delarue Guignol.
237 Ferogio

Collection ALEXIS ROUART

TABLEAUX

AQUARELLES

PASTELS — DESSINS

235 Drolling.
252 Gengembre.
254 A de Dreux.
x 262 Grevedon.
287 Inconnu aquarelle. J. F. Court peintre
293. Inconnu
295 Inconnu
261. Grevedon.
265 Mme Haudebourg Lescot.
286 Inconnu J. fille dans un parc
303 Inconnu.
356. Nanteuil aquarelle. 357 Nanteuil
371 Ribot.
372 R. Fleury.
383. H Vernet.
366. Pradier.
370 Raucelot.
376.
358 Garnerey.

Mercredi de 301 à 420.

Collect Rouart.
Dessins à acheter

— [illegible]

N°? Bonhomme (dit le Trapèze) - Cérémonie officielle (dessin)

N° 13 - Orellana Portrait de [illegible] (dessin)

?/N° 9 (2-61) - Daumier — Promenade dans un parc (aquarelle)

N° 79 [illegible] Femme assise (très beau à acheter) (dessin)

N° 88 - Mlle [illegible] ; grande aquarelle composition

N° ? - [illegible] - la Déclaration (dessin)

Les [illegible] ???

[illegible] (bronze). Mlle [illegible] dansant

Bar (bronze). Fanny [illegible] dansant

Collection ALEXIS ROUART

TABLEAUX

AQUARELLES

PASTELS — DESSINS

CATALOGUE

DES

TABLEAUX

Par

BARON (H.), BONVIN (F.), BOUDIN (E.), CABAT (L.), CALS (A.-F.), CHINTREUIL,
CICERI (E.), COLIN (G.), COROT (C.), COUTURE (T.), DAUMIER (H.), DEHODENCQ, DEVÉRIA (E.), DREUX (A. DE),
DROLLING (M.), DUFEU (E.), FANTIN-LATOUR,
FORAIN (J.-L.), GAVARNI, GRANET, HEIM (F.-J.), HELLEU, JONGKIND, JOHANNOT,
LEPAULLE (F. G.), LÉPINE (S.), NOEL (J.), PISSARO (C.), ROQUEPLAN (C.), ROUSSEAU (T.-H.), TASSAERT (O.),
(VERNET (H.), ETC.

AQUARELLES

PASTELS, DESSINS, MINIATURES

Par

CASSATT (MARY), DAUMIER (H.), FORAIN (J.-L.), GAVARNI, GUÉRIN (P.), HERVIER, MILLET (J.-F.),
MONNIER (H.), RAFFET.

ŒUVRES IMPORTANTES D'EUGÈNE LAMI

Pastels et Gouache, par DEGAS

COMPOSANT LA

Collection de Feu M. ALEXIS ROUART

ET DONT LA VENTE PAR SUITE DE SON DÉCÈS
AURA LIEU A PARIS

HOTEL DROUOT, Salle N° 6

Les Lundi 8, Mardi 9 et Mercredi 10 Mai 1911

à deux heures

COMMISSAIRE-PRISEUR

Me HENRI BAUDOIN, Successeur de M. Paul CHEVALLIER
10, rue Grange-Batelière

EXPERTS

MM. J. CHAINE & SIMONSON	MM. DURAND-RUEL
19, rue Caumartin	16, rue Laffitte

EXPOSITIONS SALLES 5 ET 6

PARTICULIÈRE : *Le Samedi 6 Mai 1911.* . . . . } DE 1 HEURE 1/2
PUBLIQUE : *Le Dimanche 7 Mai 1911.* . . . . . . } A 5 HEURES 1/2

CONDITIONS DE LA VENTE

Elle sera faite au comptant.

Les adjudicataires paieront *dix pour cent* en sus des enchères.

ORDRE DES VACATIONS

Le Lundi 8 Mai 1911

Tableaux	1 à 91
Tableaux	127 à 179

Le Mardi 9 Mai 1911

Tableaux	92 à 126
Aquarelles, Pastels, Dessins, Miniatures	180 à 300

Le Mercredi 10 Mai 1911

Aquarelles, Pastels, Dessins, Miniatures	301 à 420

Paris. — Imprimerie de l'Art, Ch. Berger, 41, rue de la Victoire.

C'est avec une véritable tristesse que nous venons jeter un dernier coup d'œil sur cette belle collection avant qu'elle ne soit dispersée et surtout rendre hommage à celui qui fut, en même temps qu'un esprit si fin et si spirituel, un collectionneur plein d'enthousiasme et de goût, dont la mort pénible et imprévue nous frappa douloureusement. Sous des dehors parfois un peu vifs, M. Alexis Rouart cachait un caractère très droit, une bonté, une obligeance, une amabilité franche et gaie, qui lui valurent l'estime et l'affection générale, et dont les regrets unanimes qu'occasionna sa perte sont encore la meilleure preuve.

Tout le monde des collectionneurs connaissait l'hôtel de la rue de Lisbonne, où il vous accueillait avec son bon sourire dans la grande salle du rez-de-chaussée, au milieu des merveilles représentant toute une vie de patientes recherches, qu'il vous montrait avec un amour toujours aussi vif et des mots admiratifs indiquant bien que, s'il fut ingénieur distingué pendant de longues années, sa véritable vocation était pourtant celle d'amateur. S'il est devenu banal de dire d'une collection d'œuvres d'art qu'elle reflète le caractère de celui qui l'a formée, rien cependant ne serait plus exact à propos de celle-ci. M. Alexis Rouart était, en effet, de la race des vrais collectionneurs, de ceux qui, sans moyens très importants au début, consacrent à leurs recherches tous leurs loisirs, toutes leurs ressources, et mettent leur plus grande joie à d'heureuses trouvailles : ses amis savent, du reste, quelle place cette collection tint dans sa vie, et avec quelle ardeur et quelle persévérance il sut la créer. Fureteur d'un goût très primesautier et très enthousiaste, il ne se cantonna jamais dans une spécialité et eut le bon esprit de rechercher les belles choses sans s'inquiéter des questions de modes. Aussi le plus grand charme de cette réunion d'objets d'art était-il cette variété délicieuse et si prenante qui nous permettait d'y passer d'une lithographie romantique à une estampe japonaise, d'une statue hindoue à un bronze de Barre, d'une reliure « à la cathédrale » à un laque, d'une Tanagra à un bronze chinois, d'un portrait du XVIIIe siècle ou d'une aquarelle d'Eugène Lami à un pastel de Degas.

Le père de M. A. Rouart, fabricant d'équipements militaires, avait été, de par sa profession, mis en rapport avec tous les artistes qui s'occupaient alors de peinture militaire : Charlet, Raffet, H. Vernet, Eugène Lami et L. Levert. De là nombre d'anecdotes racontées aux enfants et qui semèrent dans l'esprit du jeune Alexis une admiration profonde pour l'art de cette époque, qui le porta tout d'abord à rechercher les lithographies de l'école de 1830. Il achetait, en effet, sa première épreuve à dix-huit ans, ne pensant certes pas qu'il en aurait un jour une des plus riches et des plus belles collections.

Dans ses promenades du dimanche, car ces quelques dix mille pièces ont été amassées petit à petit, dans de rares visites sur les quais, alors qu'Alexis Rouart dirigeait avec son frère Henri leur usine métallurgique, et avait par conséquent peu de temps à consacrer à d'agréables flâneries, il s'attacha d'abord aux lithographies de Charlet et de Raffet, mais leur adjoignit bientôt celles d'Horace Vernet et de Géricault, et même des œuvres tout à fait romantiques d'inspiration, comme le *Faust*, le *Hamlet* de Delacroix, et le *Sabbat* de Louis Boulanger; puis ensuite rechercha surtout ce qui avait trait aux mœurs du temps. Aussi, à côté des petits bourgeois et des employés si finement croqués par Henri Monnier, à côté des politiciens bafoués par Daumier, voyait-on de merveilleuses séries de femmes d'Achille Devéria, et de Parisiennes de Gavarni, sans compter les œuvres de Bonington, Victor Adam, Granville, Decamps, Grévedon, Gigoux, Eugène Lami, qu'il eut la bonne idée de rechercher à l'époque heureuse où l'on en trouvait encore facilement de beaux états. Car c'était, en effet, cette qualité merveilleuse des épreuves qui donnait un grand intérêt à cette collection si variée et si étendue.

Cette chasse à la lithographie amena M. Rouart, par un étrange ricochet, résultat d'une éducation très fine de l'œil, à rechercher aussi les estampes japonaises, et cela à une époque où les japonisants étaient aussi rares que peu pris au sérieux. Il en réunit une collection remarquable non seulement par le nombre et la variété des estampes, mais aussi et surtout par la beauté et la rareté des épreuves. Elle comprenait de merveilleuses séries d'estampes primitives, puis d'Harunobou, Koriusai, Buncho, Kiyonaga, Sharaku, Outamaro, pour ne citer que les plus connus d'entre eux, et enfin de délicieux et fins paysages d'Hokusaï et d'Hiroshige.

Mais, voyez à quel danger s'exposent les collectionneurs! A regarder ces estampes japonaises, si délicieusement décoratives, d'un goût si pur, M. Rouart se prit d'un véritable amour, non seulement pour l'art japonais dans presque toutes ses branches, mais encore, remontant aux sources, pour l'art chinois et l'art hindou, qui le ramena ainsi très agréablement à l'art grec et égyptien dont il avait déjà quelques très beaux exemplaires.

Quand on entrait dans la grande salle du rez-de-chaussée, les yeux étaient, en effet, attirés tout d'abord par une vitrine contenant, à côté de merveilleux verres irisés, toute une série de statuettes de Tanagra réunies pour la plupart au moment des premières fouilles, admirablement choisies, et qu'accompagnaient quelques beaux masques antiques. Tout proche des œuvres charmantes de ces potiers de génie, un très curieux bronze hindou du XIIIe siècle nous montrait une danseuse, au costume pittoresque, à la pose hiératique, aux longues mains, d'une jolie ligne souple et d'une patine admirable ; cette danseuse faisait elle-même pendant à une superbe Kwannon en bois doré et laqué, dont le masque si noble et si grand, les draperies si harmonieuses expriment un étonnant sentiment de calme et de repos.

Puis, c'était une merveilleuse série de bronzes chinois, vases rituels pour la plupart, d'une richesse et d'une variété de forme extraordinaires, décorés généralement d'ornements géométriques, ou de monstres pour la conception desquels le génie chinois n'a pas d'égal. Nous n'en pouvons mieux citer comme exemple qu'un magnifique brûle-parfums à trois pieds, de l'époque des Tang, ainsi qu'une grosse théière incrustée d'argent, de l'époque des Ming, et dont le bec est en forme de tête d'oiseau chimérique. Tous ces bronzes, au reste, sont recouverts de patines admirables, parfois damasquinés d'or et d'argent, polis et repolis par les mains de leur propriétaire, qui, malgré la déformation douloureuse des dernières années, savaient encore trouver pour les chers bibelots des gestes caressants.

Comme pour bien montrer toute la diversité de ce génie chinois si intéressant et si passionnant, quelques deux cents porcelaines faisaient suite aux bronzes, et jetaient dans de grandes vitrines leurs notes vives. Nous citerons parmi cette admirable série plusieurs pièces remarquablement belles, regrettant seulement de ne pouvoir rendre la pureté et le brillant des couleurs, le chatoiement des flammés, l'originalité, la variété des formes et des ornements et leur puissance décorative.

C'était, tout d'abord, un énorme et très rare céladon craquelé, vert gris, du XIIIe siècle, qui ornait le salon du premier ainsi que deux vases très curieux en biscuit de l'époque des Ming, avec personnages et fleurs en relief. Puis, dans les vitrines du bas, de la même période : une aiguière de forme amusante, décorée de chevaux galopant, de fleurs, de rochers, sur fond vert ; ainsi qu'un vase dont le bas, d'un merveilleux rouge vif et brillant, est orné de quelques motifs bleus et verts, du même ton que la partie supérieure représentant un mandarin donnant audience. De l'époque Kang-shi : un cornet extrêmement rare, à réserve de fleurs de pêcher sur fond noir, avec un peu de vert, pièce merveilleusement belle de forme et de couleur ; deux vases-rouleaux, l'un à fond vert décoré du groupe de la trinité taoïque, l'autre à fond noir décoré d'un dragon à cinq griffes d'un délicieux bleu « turquoise mourante ». Et enfin de la période Kien-lung, un vase vert décoré de dragons à cinq griffes.

L'art chinois était encore représenté par une série de fort beaux émaux cloisonnés, de la période Ming en général, et dont le plus bel exemplaire est certainement cet énorme brûle-parfums bleu à rinceaux et animaux reposant sur trois têtes d'éléphants; puis par quelques très curieux ivoires comprenant entre autres cette délicieuse statuette de la Kwannon tenant l'enfant dans ses bras, d'une délicatesse et d'une grâce exquises. Les jades enfin mettaient dans la grande vitrine du salon leurs notes chatoyantes et semblaient, sur ces planchettes de cristal baignées de lumière, de merveilleux nénuphars de formes étranges, aux corolles translucides, éclos dans un aquarium de rêve.

Quant à l'art japonais, en plus des gravures dont nous parlions plus haut, il était fort bien représenté non seulement par une très belle collection de gardes de sabres, de netsukés et d'inros, que M. de Tressan a étudiés savamment dans la préface de l'excellent Catalogue qu'il en a dressé, mais aussi par un certain nombre de bronzes japonais gardant, même près de leurs superbes voisins les bronzes chinois, un caractère et un charme très particuliers; et par toute une série de boites et écritoires en laque du XVe au XVIIIe siècle, qui, par les tons chauds de leurs ors en relief, comme patinés et éteints par le temps, la richesse des incrustations et des fonds aventurinés, l'originalité et la variété des compositions, sont de véritables petits chefs-d'œuvre.

Enfin, à ces diverses branches de la collection Rouart était ajoutée une très intéressante série de tableaux, partant de très curieux portraits du XVIIIe siècle, s'arrêtant avec complaisance sur l'époque romantique, et finissant avec quelques-uns de nos meilleurs paysagistes, et plusieurs très beaux pastels de Degas. Comme nous le disions plus haut, M. Rouart s'était pris, dès son enfance, d'une véritable passion pour l'école romantique, et, après avoir réuni tout ce qu'il put de lithographies de cette intéressante période, il rechercha aussi des dessins, des aquarelles et même des peintures de ceux que l'on est convenu d'appeler les « petits maîtres de 1830 », mais en s'attachant surtout aux esquisses et aux œuvres de premier jet, sans s'occuper du genre. C'est ainsi que, dans cet ensemble, nous trouvons d'excellents portraits au crayon de Heim, où ce dernier a noté avec une scrupuleuse exactitude la silhouette des personnages officiels qu'il devait grouper dans ses tableaux historiques de Versailles, tels ceux de Girod de l'Ain, de Montguyon, Jacques Laffitte, de Laporte, etc... Desquels on peut rapprocher, bien que n'étant pas tout à fait de la même époque, deux portraits de Winterhalter, esquisses aux crayons, du prince de Joinville et du prince Albert pour l'entrevue d'Eu en 1843, et surtout ses deux délicieux projets pour les portraits de la duchesse d'Aumale et de la duchesse de Nemours qui sont à Versailles.

D'un art moins officiel, deux curieux portraits de Drolling nous séduisent par leur air de vérité : l'un, est celui de Mme Haudebourg-Lescot, l'artiste dont nous voyons non loin de là une charmante figure de femme ainsi qu'une délicieuse aquarelle qu'on pourrait intituler « la Tentation », en buste, coiffée d'un turban blanc ; l'autre est celui d'une femme brune, en pied, qui, dans une attitude des plus naturelles, s'appuie sur une barrière à l'entrée d'un parc et dont la robe noire, largement décolletée, fait valoir la physionomie colorée et très vivante. On pourrait rapprocher de ces derniers : un autre portrait, anonyme, déjà plus romantique d'arrangement qui nous montre une jeune femme, à la figure fine et gracieuse enfouie sous un cabriolet, accoudée à un pan de mur, devant une sombre rivière et un ciel orageux; puis, aussi, bien que d'un aspect tout différent, un beau portrait de Lepaulle, de femme en blanc, très brune, remettant une écharpe de dentelle sur ses épaules nues se détachant sur une draperie rouge.

Quant à l'art romantique même, il était abondamment représenté par des œuvres : peintures, aquarelles et dessins d'artistes tels que : Ary Scheffer, Louis Boulanger, Delacroix, Eugène et Achille Devéria, Eugène Isabey, Alfred et Tony Johannot, Célestin Nanteuil, Robert Fleury, Saint-Evre, Roqueplan, Sigalon, Granet, etc...

Quelques-unes de ces œuvres avaient été remarquées dès leur apparition, comme cette toile de Roqueplan représentant une femme assise, le buste nu, dans un sous-bois très sombre, faisant sauter l'amour dans son tablier, d'un coloris peut-être un peu sec, mais d'un beau dessin souple et arrondi. Du reste, bien que très romantique d'inspiration, Roqueplan ne devient jamais « échevelé » : ainsi, dans son tableau célèbre de la *Madeleine au désert,* qui lui valut un véritable succès et fut popularisé par la lithographie de Menut Alophe, la note romantique y est donnée par le paysage, d'un coloris tourmenté et sombre, par l'éclairage, vraiment trop à effet, et par la coiffure, mais non par le traitement de cette figure d'une harmonie de proportions et d'une facture vraiment classiques.

Ces œuvres de Roqueplan voisinaient avec quelques aquarelles charmantes de Tony Johannot, illustrations interprétées avec esprit et prestement enlevées, et surtout avec son tableau très curieux de la *Mort de Duguesclin,* qui fut exposé au Salon de 1834 où il eut un gros succès. C'est une œuvre essentiellement romantique d'inspiration et de composition. Du Guesclin est couché sur une sorte de lit de camp, seul éclairé dans presque tout le tableau, entouré de ses compagnons d'armes, devant Châteauneuf-de-Randon, dont le gouverneur vient lui apporter les clefs ; et, à défaut de ce que nous appellerions aujourd'hui la vérité historique, l'artiste a fort bien exprimé la faiblesse du connétable ainsi que le recueillement et la douleur des assistants.

Tout proches aussi, une exquise étude de jeune fille, d'Eugène Devéria, et surtout ses deux curieux projets d'interprétation de la chanson du

Tailleur et de la Fée, dont l'un est un intéressant portrait de Béranger. Assis, habillé d'une robe de chambre blanche, il tourne la tête du côté de la fée qui lui apparaît dans un somptueux costume oriental orné de pierreries; puis une fort jolie esquisse, assez poussée, du fou tenant un perroquet qui est au premier plan de la Naissance d'Henri IV; ainsi qu'un tableau de Monvoisin, épisode de la guerre de Grèce, d'un beau coloris, et une très puissante aquarelle de Dauzats, représentant la cathédrale de Bordeaux.

Nous citerons enfin pour terminer cette brève énumération, et avant de passer aux maître plus modernes, quelques-unes des œuvres d'un des plus charmants artistes de cette époque, et l'un des mieux représentés dans la collection Rouart, nous voulons dire Eugène Lami. Voici tout d'abord, une esquisse très vivante du « Combat de Claye », dont la toile définitive, qui fut exposée au Salon de 1831, est maintenant à Versailles. C'est une œuvre excellente où apparaissent déjà toutes les belles qualités qui devaient faire de Lami un de nos meilleurs peintres du XIXe siècle. Le sujet choisi est la fameuse charge exécutée le 27 mars 1814 par les cuirassiers pour dégager les abords de Claye. Dans un paysage désolé que domine une haute et sombre maison, la trombe des cuirassiers dévale au grand galop, en rangs serrés, et nous les voyons pour ainsi dire disparaître, tant il y a de vie dans cette charge; c'est une véritable tourmente, frémissante et « grouillante » qui passe à peine éclairée par les reflets du jour finissant sur l'acier des cuirasses.

Lami a du reste effleuré tous les genres, et, après cette scène tragique, nous pouvons nous réjouir les yeux de « l'Entrée de la duchesse d'Orléans aux Tuileries », en 1837, esquisse pleine de vie et de mouvement, qui nous donne bien l'impression joyeuse de cette journée de fête ensoleillée et fleurie. Lami a fort bien choisi le plus joli moment de ce défilé, celui où, pour contourner le bassin des Tuileries, le cortège se divise; ce décor délicieux des grands marronniers en fleurs, cette foule animée et colorée, cette eau claire qui réfléchit les cuirasses de l'escorte, tout en fait une œuvre charmante. C'est ensuite toute une série de petites aquarelles, dans lesquelles il nous montre tantôt le duc d'Orléans à cheval, ou un whist diplomatique, tantôt l'entrée au bal de l'Hôtel de ville, ou l'intérieur d'un salon, ou bien encore deux délicieuses illustrations de proverbes de Musset; et, enfin, dans « le Contrat de mariage », Lami nous fait une exquise peinture des mœurs contemporaines. C'est un tableau séduisant, tout autant par l'expression si fine et si amusante des physionomies que par la recherche du cadre, le coloris chaud, et la lumière dorée qui enveloppe toute cette petite scène, depuis les habits noirs et les visages sérieux des hommes, jusqu'aux robes blanches et aux figures souriantes des femmes.

Une série de petites statuettes en bronze de la même époque venait compléter fort heureusement cet ensemble. On reprochait alors beaucoup aux sculpteurs de ne faire que des sujets énormes pouvant décorer de grands monuments, mais impossibles à posséder pour un particulier ; aussi y eut-il, vers 1830-35, comme une réaction très heureuse qui nous a valu plusieurs véritables petits chefs-d'œuvre, parmi lesquels on remarquait, tout d'abord, la délicieuse Fanny Essler de Barre, qui nous montre cette reine de la danse, dans le *Diable boiteux*. Ce petit bronze eut à l'époque de son apparition un très grand succès, car les admirateurs de la jolie Viennoise, et ils étaient nombreux, y retrouvaient leur danseuse favorite pleine de vie, de mouvement et d'entrain. De Barre aussi, cette autre danseuse « Amany », en costume hindou, ainsi qu'une exquise « Taglioni » en sylphide, connue par la lithographie de Devéria, et qui est un modèle de grâce et de légèreté. Ces succès de Barre excitèrent l'émulation de ses confrères, et bientôt ces statuettes devinrent une véritable mode ; c'est ainsi qu'il y avait, entre autres, dans la collection A. Rouart, un « Ratapoil » de Daumier, un « général Jacqueminot » de Thomas, un « soldat de la République » d'Antonin Moine, un « Boccage » de Maindron.

Bien que M. Alexis Rouart, très éclectique, épris de l'art sous toutes ses formes, n'ait pas voulu marcher sur les brisées de son frère Henri dont la collection de tableaux modernes est célèbre, il en avait cependant une intéressante série, chaque maître représenté parfois par une seule de ses œuvres, mais choisie parmi les plus typiques.

C'est ainsi que nous admirons de Corot une très belle vue d'Italie, d'un chaud coloris et d'une atmosphère enveloppante assez rare dans ses œuvres de cette époque, et par deux études dont une de femme, qui voisinent avec plusieurs fort beaux dessins de Millet. Voici encore un très joli Th. Rousseau argenté, puis un magnifique Jongkind, un clair de lune sur la Meuse près de Dordrecht, où l'artiste a merveilleusement rendu le charme et la poésie de la Hollande et de ses moulins ; et, pour en finir avec les paysagistes, quelques délicieux petits Boudin, Chintreuil, Lépine et Pissaro.

Une très belle ondine de Fantin-Latour se jouant dans l'eau et les rochers, jetait sa note claire et vaporeuse à côté d'un « agvador » de Dehodencq, puissamment coloré et d'un vigoureux dessin. Cals, ce bel artiste dont le réalisme rappelle celui de Millet, se faisait apprécier par une série de ses œuvres, dont l'admirable portrait de la mère Boudoux, à la tête énergique sous la marmotte rouge, et l'intérieur d'une chaumière où se chauffent deux vieilles femmes, dans une atmosphère enfumée éclairée par la lueur d'un grand feu. A côté de ces Cals, d'un aspect très puissant mais assez sombres, les toiles de Gustave Colin semblent répandre le soleil de son cher pays dans une série de scènes basques très vivantes, d'un agréable et chaud coloris.

Mais de tous les peintres contemporains, le mieux représenté dans cette collection est, sans contredit, M. Degas; une vieille amitié l'unissait au collectionneur, il est donc tout naturel que M. Rouart ait réservé la place d'honneur à celui qu'à bon droit il admirait comme un de nos plus grands artistes. Là aussi son goût très sûr le guida heureusement dans son choix, et les cinq pastels du maître qui ornaient le salon auraient pu résumer cet art si caractéristique; et, si l'on pense à la rareté des œuvres de cet artiste, on comprend aisément la joie que donnèrent à M. A. Rouart, jusqu'à ses derniers moments, ces œuvres de son vieil ami.

Tout l'art de M. Degas, cette précision de dessin, cette science étonnante des raccourcis, cette mise en place surprenante et cette lumière si douce et si juste dont il sait comme pas un envelopper ses personnages, ne les retrouvons-nous pas dans ce très beau pastel des « Modistes ». Ces deux femmes, saisies, pour ainsi dire, dans leur atelier au milieu de leur tâche journalière, sont frappantes de vérité; le geste de la main, intelligente et fine, le mouvement du buste légèrement reculé pour mieux juger de l'effet, tout cela est exprimé avec un rare bonheur, et même, malgré le réalisme de la laideur des deux femmes, avec une certaine poésie. Ses autres pastels de la collection A. Rouart appartiennent à la série des danseuses que Degas aimait particulièrement à peindre. L'un d'eux nous montre un premier sujet, en jupe verte, semée de fleurs rouges, tournant sur une pointe et se dirigeant vers les rochers de carton rose qui forment le fond de la scène. Et l'on ne sait ce qu'il faut le plus admirer de ces jambes nerveuses d'un dessin admirable, ou de la difficulté surmontée dans cet amusant instantané des étranges dislocations de la danse, qui veulent pour être rendues sans déformation une véritable science de dessin anatomique, ou bien encore de cette lumière artificielle de la scène exprimée avec une telle justesse.

Ces magnifiques qualités se retrouvent du reste dans les deux danseuses attendant près d'un portant le moment d'entrer en scène, dans l'éventail sur lequel s'éparpille tout un quadrille et surtout dans le « Pas battu ». Saisie au milieu d'un saut, se détachant sur le fond fuyant et sombre des planches, regardez cette délicieuse danseuse, les pieds vibrants réunis pour un instant, les bras émergeant de la souple envolée de tulle de la jupe et se rejoignant au-dessus de la tête dans un geste arrondi, n'est-ce pas dans cette lumière diffuse et chaude une délicieuse apparition tout à la fois femme, fleur et papillon?

Nous ne voulons pas terminer ces quelques lignes sans rappeler que M. Alexis Rouart n'appartenait pas à la catégorie des amateurs jaloux de leurs trésors; nous avons dit plus haut avec quelle bienveillance il faisait les honneurs de sa collection, et accueillait tous ceux qui s'intéressaient aux choses de l'art, mais il ne se bornait pas à cela; il aimait aussi à encourager toutes les manifestations artistiques et tous les organisateurs d'expositions savaient qu'il ne leur refuserait jamais son concours. L'un des plus anciens membres de l'Union centrale des Arts décoratifs, dont son beau-père Lerolle avait du reste été l'un des fondateurs, il s'y intéressait particulièrement ainsi qu'aux sociétés des « Amis du Louvre », des « Amis de Versailles » et de l' « Art français ». Quant à sa générosité, elle était proverbiale, et plusieurs des conservateurs de nos principaux musées garderont un souvenir ému de l'aide toujours si largement et si gracieusement donnée.

Aussi est-ce un véritable chagrin pour tous ceux qui passèrent rue de Lisbonne des heures délicieuses que de voir se disperser ainsi en un jour ce qui fut l'effort et le bonheur de toute une vie. Souhaitons seulement à chacun de ces objets d'être appréciés et aimés pour eux-mêmes comme ils le furent par ce collectionneur désintéressé et convaincu.

P.-A. LEMOISNE.

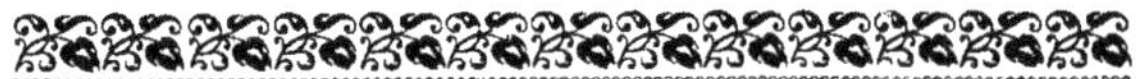

DÉSIGNATION

TABLEAUX

BAAL
(JACQUES)

1 — *Portrait d'Eugène Delacroix.*

Signé en haut à gauche.

Toile. Haut., 39 cent.; larg., 30 cent.

55 Mansuy

BARON
(HENRI)

2 — *Femme assise, tenant un bouquet.*

Signé à droite.

Toile. Haut., 35 cent.; larg., 27 cent.

255 Magnin

BELLY
(LEON-ADOLPHE-AUGUSTE)

3 — *Portrait de Syrienne en jaune.*

(*Exposition Centennale de 1900, n° 25 du Catalogue.*)

Toile. Haut., 45 cent.; larg., 37 cent.

1,100 Salvator-Meyer

BEYRUAT

4 — *Une Ville en Orient.*

Signé à gauche.

Toile. Haut., 43 cent.; larg., 41 cent.

22 Rouart

BOILLY
(LOUIS-LÉOPOLD)

5 — *Portrait d'un Officier du Premier Empire.*

Toile. Haut., 21 cent.; larg., 17 cent.

420 Mme Langweil

BONNINGTON

(Attribué à R. P.)

200 Mme Langweil 6 — *Fillette tenant un chien sur les genoux.*

Signé à droite.

Toile. Haut., 55 cent.; larg., 45 cent.

BONNINGTON

(Genre de R. P.)

30 Menard 7 — *Paysage.*

Toile. Haut., 35 cent.; larg., 58 cent.

BONVIN

(FRANÇOIS)

380 Simonson 8 — *La Cuisinière*

Signé à gauche. Daté : 1848.

Bois. Haut., 26 cent.; larg., 16 cent.

BONVIN

(FRANÇOIS)

220 Guérin 9 — *La Ménagère dans sa cuisine.*

Toile. Haut., 75 cent.; larg., 60 cent.

BOUDIN

(EUGÈNE)

450 Cousin 10 — *La Plage à Trouville.*

Signé à droite.

Bois. Haut., 35 cent.; larg., 22 cent.

BOULANGER

(LOUIS)

100 Laurent 11 — *L'Exécution ; esquisse.*

Toile. Haut., 25 cent.; larg., 19 cent.

BRANDON

70 Mme Langweil 12 — *Cérémonie dans la synagogue.*

Toile. Haut., 60 cent.; larg., 81 cent.

CABAT

(LOUIS)

13 — *L'Etang; Automne.*

Signé à gauche.

Bois. Haut., 15 cent.; larg., 38 cent.

130
S. Meyer

CALS

(ADOLPHE-FÉLIX)

14 — *La Mère Boudoux.*

Coiffée d'une marmotte et d'un fichu noué sous le menton, la mère Boudoux, les mains croisées, est assise dans un fauteuil; à sa droite, sur le coin d'une table, un pichet et un verre.

Signé en haut à gauche. Daté : *18[illegible]*.

Toile. Haut., 65 cent.; larg., 55 cent.

1,950
Miquet

CALS

(ADOLPHE-FÉLIX)

15 — *Le Verger de l'auberge à Honfleur.*

Dans un verger normand qui domine la mer, à l'ombre des pommiers, deux pêcheurs sont attablés et se rafraîchissent. Au second plan, à gauche, deux autres consommateurs,

Signé à gauche. Daté : *1877*.

Toile. Haut., 52 cent.; larg., 61 cent.

1,700
Chaine

CALS

(ADOLPHE-FÉLIX)

16 — *Intérieur de pêcheurs.*

Signé à gauche. *Honfleur* 1877.

Toile. 24 cent.; larg., 33 cent.

450
Louis Rouart

CALS

(ADOLPHE-FÉLIX)

17 — *Bords de rivière.*

Signé à gauche.

Toile. Haut., 41 cent.; larg., 18 cent.

160
Chaine

CALS
(ADOLPHE-FÉLIX)

18 — *L'Église du village.*

Initiales à gauche.

Toile. Haut., 20 cent.; larg., 35 cent.

CALS
(ADOLPHE-FÉLIX)

19 — *La Messe dans une église de campagne.*

Signé à gauche. Daté : 1847.

Toile. Haut., 46 cent.; larg., 31 cent.

CALS
(ADOLPHE-FÉLIX)

20 — *La Brioche.*

Signé à gauche.

Toile ovale. Haut., 32 cent.; larg., 41 cent.

CALS
(ADOLPHE-FÉLIX)

21 — *Paysanne en buste.*

Toile. Haut., 19 cent.; larg., 15 cent.

CALS
(ADOLPHE-FÉLIX)

22 — *Bords de rivière.*

Signé à droite.

Toile. Haut., 14 cent.; larg., 31 cent.

CALS
(ADOLPHE-FÉLIX)

23 — *Fleurs et fruits.*

Signé à gauche en haut.

Toile. Haut., 37 cent.; larg., 28 cent.

CALS
(ADOLPHE-FÉLIX)

24 — *La Grand'mère.*

Signé à droite.

Toile. Haut., 46 cent.; larg., 38 cent.

850 Tempelaere

CALS
(ADOLPHE-FÉLIX)

25 — *La Chaumière.*

Signé à gauche. Daté : *1874.*

Toile. Haut., 26 cent.; larg., 38 cent.

270 Leprieur

CALS
(ADOLPHE-FÉLIX)

26 — *Paysanne ; étude à Honfleur.*

Signé à gauche en haut. Daté : ***Honfleur** 1873.*

Toile. Haut., 38 cent.; larg., 30 cent.

880 Louis Lerolle

CALS
(ADOLPHE-FÉLIX)

27 — *Marine.*

Signé à gauche.

Toile. Haut., 17 cent.; larg., 32 cent.

180 Camentron

CALS
(ADOLPHE-FÉLIX)

28 — *Fillette lisant.*

Toile. Haut., 13 cent.; larg., 10 cent.

310 S. Meyer

CALS
(ADOLPHE-FÉLIX)

29 — *Mère allaitant.*

Signé à droite.

Toile. Haut., 41 cent.; larg., 33 cent.

410 Chaine

CALS

(ADOLPHE-FÉLIX)

370
Adolphe Lerolle

30 — *Tête de Jeune Paysanne.*

Signé à droite.

Toile. Haut., 32 cent.; larg., 25 cent.

CALS

(ADOLPHE-FÉLIX)

350
Louis Rouard

31 — *Cabanes de pêcheurs.*

Signé à gauche. Daté : *1875.*

Toile. Haut., 27 cent.; larg., 30 cent.

CALS

(ADOLPHE-FÉLIX)

180
De Barbansois

32 — *Officier de guides.*

Signé à droite en haut. Daté : *1858.*

Toile. Haut., 32 cent.; larg., 22 cent.

CALS

(ADOLPHE-FÉLIX)

230
Viau

33 — *Portrait du compositeur hongrois Liszt.*

Signé à droite. Daté : *1855.*

Toile. Haut., 21 cent.; larg., 17 cent.

CASSATT

(MARY)

1,250
Durand-Ruel

34 — *La Femme au gant.*

Signé en haut à gauche.

Toile. Haut., 35 cent.; larg., 27 cent.

CHINTREUIL

280
Giraud

35 — *Lisière de bois.*

Toile. Haut., 24 cent.; larg., 16 cent.

CICÉRI
(EUGÈNE)

36 — *Paysage montagneux.* 250 Marcel Lerolle

Signé à droite.

Bois. Haut., 43 cent.; larg., 63 cent.

COLIN
(GUSTAVE)

37 — *Environs de Biarritz.* 200 Ernest Rouart

Signé à droite.

Toile. Haut., 23 cent.; larg., 39 cent.

COLIN
(GUSTAVE)

38 — *Paysage dans les Pyrénées.* 230 Camentron

Signé à droite.

Toile. Haut., 54 cent.; larg., 65 cent.

COLIN
(GUSTAVE)

39 — *Les Vendanges.* 60 Michel

Signé à gauche.

Toile. Haut., 26 cent.; larg., 40 cent.

COLIN
(GUSTAVE)

40 — *Paysage.* 350 Daumier

Signé à droite.

Toile. Haut., 36 cent.; larg., 27 cent.

COLIN
(GUSTAVE)

41 — *Passagers regagnant le paquebot par un gros temps.* 250 Tchamet

Signé à droite.

Toile. Haut., 63 cent.; larg., 80 cent.

COLIN
(GUSTAVE)

42 — *Les Laveuses.*

Signé à gauche.

Toile. Haut., 58 cent.; larg., 72 cent.

COLIN
(GUSTAVE)

43 — *Paysage basque.*

Signé à droite.

Toile. Haut., 29 cent.; larg., 45 cent.

COROT
(CAMILLE)

44 — *Vue prise en Italie.*

Sur le châssis on lit : *Donné à Ele.r par Corot.*

Toile. Haut., 27 cent.; larg., 42 cent.

COROT
(CAMILLE)

45 — *La Carrière.*

Carton. Haut., 19 cent.; larg., 24 cent.

COROT
(CAMILLE)

46 — *Portrait de Femme. Étude.*

Cachet de la vente à gauche.

Toile. Haut., 24 cent.; larg., 19 cent.

COUDER
(AUGUSTE)

47 — *Joseph et Putiphar.*

Bois. Haut., 27 cent.; larg., 21 cent.

(Collection du Docteur Court.)

COUTURE
(THOMAS)

48 — *L'Ivresse de Pierrot.* 830 Mme. Langweil

Signé à gauche : *T. C.*

Toile. Haut., 16 cent.; larg., 21 cent.

COUTURE
(THOMAS)

49 — *Tête de Femme. Étude.* 170

Signé à droite : *T. C.*

Papier. Haut., 24 cent.; larg., 18 cent.

DAUMIER
(HONORÉ)

50 — *Satyre tenant un enfant.* 1.600 Oppenheimer

Esquisse.

Bois. Haut., 24 cent.; larg. 17 cent.

DEHODENCQ
(ALFRED)

51 — *L'Aguador.* 420 Louis

Signé à droite.

Toile. Haut., 1 m. 20 cent.; larg., 92 cent.

DELACROIX
(EUGÈNE)

52 — *Étude de fleurs.* 300

Au dos le cachet de la vente.

Toile. Haut., 64 cent.; larg., 38 cent.

DEMAY
(A.)

53 — *Promenade en barque.* 460 Sortais

Initiales à gauche.

Toile. Haut., 19 cent.; 24 cent.

DESTOUCHES
(PAUL-EMILE)

80 Joliet — 54 — *L'Amoureux à l'assaut.*

Toile. Haut., 33 cent.; 43 cent.

DESTOUCHES
(PAUL-ÉMILE)

200 S. Meyer — 55 — *Le Verre de vin.*

Signé à gauche.

Toile. Haut., 35 cent.; larg., 27 cent.

DEVÉRIA
(EUGÈNE)

1.420 Buron — 56 — *Le Bouffon.*

Signé à droite.

Toile. Haut., 41 cent.; larg. 33 cent.

DEVÉRIA
(EUGÈNE)

230 Chatenay — 57 — *Scène d'intérieur.*

Signé à droite.

Toile. Haut., 46 cent.; larg., 38 cent.

DEVÉRIA
(EUGÈNE)

200 S. Meyer — 58 — *Le Tailleur et la Fée.*

Signé à gauche. Daté : *1825*.

Toile. Haut., 41 cent.; larg., 32 cent.

DEVÉRIA
(EUGÈNE)

240 S. Meyer — 59 — *Le Tailleur et la Fée.*

Signé à gauche. Daté : *1826*.

Toile. Haut., 41 cent.; larg., 32 cent.

DEVÉRIA
(EUGÈNE)

60 — *Portrait de Jeune Fille.*

Signé à droite.

Toile. Haut., 57 cent.; larg., 47 cent.

DORE
(ARMAND)

61 — *Portrait de Femme.*

Signé à gauche.

Toile ovale. Haut., 55 cent.; larg., 45 cent.

DREUX
(ALFRED DE)

62 — *Piqueur promenant ses chevaux.*

Signé à droite.

Toile. Haut., 33 cent.; larg., 56 cent.

DREUX
(ALFRED DE)

63 — *Amazone et Cavalier.*

Signé à droite.

Toile. Haut., 37 cent.; larg., 46 cent.

DROLLING
(MICHEL-MARTIN)

64 — *Une Jeune Femme dans un parc se repose appuyée sur une barrière.*

Signé à gauche. Daté : *1833.*

Toile. Haut., 72 cent.; larg., 59 cent.

DUFEU
(E.)

65 — *Une Rue au Caire.*

Signé à gauche.

Toile. Haut., 61 cent.; larg., 50 cent.

DUFEU
(E.)

66 — *Hiver en Hollande.*

Signé à droite.

Bois. Haut., 30 cent.; larg., 40 cent.

DUFEU
(E.)

67 — *La Résurrection.*

Signé en haut à droite.

Bois. Haut., 33 cent.; larg., 20 cent.

DUFEU
(E.)

68 — *La Jetée du Tréport.*

Signé à gauche.

Toile. Haut. 56 cent.; larg., 76 cent.

DUFEU
(E.)

69 — *Un Cabillot ; étude.*

Signé à droite.

Toile. Haut., 37 cent.; larg., 60 cent.

DUFEU
(E.)

70 — *L'Acropole d'Athènes.*

Signé à droite.

Toile. Haut., 33 cent.; larg., 41 cent.

DUFEU
(E.)

71 — *Le Sphinx.*

Signé à droite.

Toile. Haut., 33 cent.; larg., 41 cent.

DUPRAY
(HENRI)

72 — *Les Dragons.* 110 Salvati

Signé à droite des initiales.

Bois. Haut., 22 cent.; larg., 17 cent.

DUVAL LE CAMUS
(PIERRE)

73 — *Portrait de Femme.* 230 J. Meyer

Signé à gauche.

Toile. Haut., 41 cent.; larg., 22 cent.

ÉCOLE FRANÇAISE

74 — *Portrait de Femme. Époque de 1830.* 155 Halphen

A droite les initiales *C. M.*

Toile. Haut., 90 cent.; larg., 72 cent.

ÉCOLE DE 1830

75 — *Le Chariot.* 170 H. Bouart

Copie d'après Jules Dupré.

Toile. Haut., 40 cent.; larg., 55 cent.

ÉCOLE ANGLAISE

76 — *Portrait en pied d'un personnage portant le collier de la Toison d'or.* 120 Sortais

Toile. Haut., 73 cent.; larg., 56 cent.

FANTIN-LATOUR
(THÉODORE)

77 — *La Nymphe.* 3050 Tempelaere

A l'ombre de grands rochers, la Nymphe se laisse bercer par les flots de la mer agitée.

Signé à droite.

Bois. Haut., 30 cent.; larg., 45 cent.

FORAIN
(JEAN-LOUIS)

78 — *Le Ballet.*

Derrière un portant, un monsieur en habit et un acteur en costume antique, regardent le quadrille qui passe devant eux.

Signé à gauche.

Toile. Haut., 60 cent.; larg., 50 cent.

GAVARNI

79 — *La Grosse caisse.*

Signé à gauche.

Bois. Haut., 29 cent.; larg., 20 cent.

GRANET
(FRANÇOIS-MARIUS)

80 — *Le Maréchal, duc de Joyeuse, au couvent des capucins.*

Signé à gauche. Daté : *1825.*

Toile. Haut., 40 cent.; larg., 32 cent.

GRANET
(FRANÇOIS-MARIUS)

81 — *Le Cloître.*

Signé à gauche.

Toile. Haut., 36 cent.; larg., 29 cent.

GRANET
(FRANÇOIS-MARIUS).

82 — *Un Moine.*

Toile. Haut., 18 cent.; larg., 11 cent.

GRANET
(FRANÇOIS-MARIUS)

83 — *Intérieur d'un couvent.*

Signé à gauche.

Toile. Haut., 45 cent : larg., 38 cent.

GRANIÉ

84 — *Jeune Femme au miroir.*

Signé à gauche.

Bois. Haut., 48 cent., larg., 39 cent.

GRANVILLE

85 — *Scène de la Vie de Bohème.*

Toile. Haut., 16 cent.; larg. 22 cent.

GUIGNET
(ADRIEN)

86 — *Paysage.*

Signé à gauche.

Toile. Haut., 38 cent.; larg. 42 cent.

HEIM
(FRANÇOIS-JOSEPH)

87 — *Une Dame dans le jardin des Tuileries attache un ruban tricolore à la boutonnière du roi Louis-Philippe.*

Toile. Haut., 25 cent.; larg., 19 cent.

HEIM

88 — *Esquisse.*

Toile. Haut., 32 cent., larg., 41 cent.

HEIM
(FRANÇOIS-JOSEPH)

89 — *Esquisse pour une décoration.*

Papier. Haut., 22 cent.; larg. 27 cent.

HELLEU

90 — *Jeune Femme à l'avant d'un yacht.*

Signé à gauche.

Toile. Haut., 81 cent.; larg., 65 cent.

HOLLAND
(JAMES)

91 — *La Place de l'Église.*

Signé à gauche.

Toile. Haut., 26 cent.; larg., 22 cent.

INCONNU

92 — *Combat de cavaliers gaulois.*

Toile. Haut., 37 cent.; larg., 45 cent.

INCONNU

93 — *Esquisse.*

Toile. Haut., 53 cent.; larg., 40 cent.

INCONNU

94 — *Les Ruines de la Cour des Comptes.*

Toile Haut., 46 cent; larg., 55 cent.

INCONNU

95 — *Vue de la basilique de Saint-Paul, prise du mont Aventin.*

Toile. Haut., 22 cent.; larg., 34 cent.

INCONNU

96 — *Paysage.*

Toile. Haut., 21 cent; larg., 30 cent.

INCONNU

97 — *Portrait d'un Artiste.*

Toile. Haut., 26 cent.; larg., 20 cent.

INCONNU

98 — *Portrait de Femme. Époque de 1830.*

Toile. Haut., 73 cent.; larg., 60 cent.

INCONNU

99 — *Portrait de Femme, coiffée d'un chapeau garni de fleurs; époque de 1820.*

Toile. Haut. 81 cent.; larg., 65 cent.

INCONNU

100 — *Portrait d'Homme. Ecole de 1830.*

Toile. Haut., 35 cent.; larg., 27 cent.

INCONNU

101 — *Jeune Femme coiffée d'un chapeau noir.*

Toile. Haut., 61 cent.; larg., 50 cent.

INCONNU

102 — *Portrait de Femme. École de 1820.*

Toile. Haut., 41 cent.; larg., 32 cent.

INCONNU

103 — *Tête d'Homme.*

Esquisse.

Toile. Haut., 21 cent.; long., 16 cent.

INCONNU

104 — *Esquisse.*

Carton. Haut., 16 cent.; larg., 24 cent.

INCONNU

105 — *Portrait de Femme. Époque de 183[illegible].*

Toile. Haut., 41 cent.; larg., 33 cent.

INCONNU

106 — *Deux Études de paysages.*

Carton. Haut., 11 cent.; larg., 30 cent.

INCONNU

107 — *La Femme de chambre indiscrète.*

Toile. Haut., 47 cent.; larg., 38 cent.

INCONNU

108 — *Femme en décolleté. Étude.*

Toile. Haut., 21 cent.; larg., 16 cent.

INCONNU

109 — *Le sculpteur Dantan, Jean-Pierre, dans son atelier.*

Toile. Haut., 55 cent.; larg., 46 cent.

INCONNU

110 — *Portrait de Femme.*

Initiales : *A. V. D.*

Daté : *1831.*

Toile. Haut., 61 cent.; larg., 50 cent.

INCONNU

111 — *Portrait de Femme. École de 1830.*

Toile. Haut., 46 cent.; larg., 38 cent.

INCONNU

112 — *Mère et Enfant.*

Toile ovale. Haut., 55 cent.; larg., 45 cent.

INCONNU

113 — *Un Cavalier espagnol.*

Toile. Haut., 47 cent.; larg., 65 cent.

INCONNU

114 — *Portrait de Jeune Femme.*

Toile. Haut., 35 cent.; larg., 27 cent.

INCONNU

115 — *Portrait de Femme.*

Esquisse.

Bois. Haut., 35 cent.; larg., 27 cent.

INCONNU

116 — *Épisode militaire.*

Toile. Haut., 27 cent.; larg., 42 cent.

INCONNU

117 — *Paysage.*

Carton. Haut., 33 cent.; larg., 22 cent.

INCONNU

118 — *Portrait de Femme. Époque de l'Empire.*

Toile. Haut., 68 cent.; larg., 52 cent.

INCONNU

119 — *Vieillard lisant à la lueur d'une chandelle.*

Toile ronde. Haut., 18 cent.; larg., 18 cent.

INCONNU

120 — *Portrait présumé d'Eugène Sue, romancier français*

Toile. Haut., 59 cent.; larg., 48 cent.

INCONNU

121 — *Paysage italien.*

Toile. Haut., 35 cent.; larg., 77 cent.

INCONNU

122 — *La Veuve du soldat.*

Toile. Haut., 19 cent.; larg., 13 cent.

INCONNU

123 — *En Visite.*

Bois. Haut., 13 cent.; larg., 22 cent.

INCONNU

124 — *Portrait de Femme.*

Carton. Haut., 27 cent.; larg., 21 cent.

INCONNU

125 — *Portraits d'enfants.*

Toile. Haut., 54 cent.; larg., 46 cent.

INCONNU

126 — *Portrait de Femme. Époque de 1830.*

Toile. Haut., 1 m. 03 cent.; larg., 81 cent.

JONGKIND

127 — *La Meuse aux environs de Dordrecht.*

Par une sombre nuit, une éclaircie laisse apparaître la lune qui se reflète dans l'eau et éclaire un moulin qui se détache en vigueur sur le ciel; au loin une barque, sa voile déployée, navigue dans la pénombre.

Signé à droite. Daté : *1867*.

Toile. Haut., 32 cent.; larg., 47 cent.

ISABEY

(EUGÈNE)

128 — *Femme en costume de l'époque de Henri II. Étude.*

Initiales à gauche.

Bois. Haut., 31 cent.; larg., 17 cent.

ISABEY
(EUGÈNE)

129 — *Portrait de Fillette.* 200

Toile. Haut., 36 cent.; larg., 29 cent.

JOHANNOT
(TONY)

130 — *Soldat mort sur le champ de bataille, retrouvé par sa famille.* 45

Signé à droite. Daté : *1828*.

Toile. Haut., 21 cent.; larg., 16 cent.

JOHANNOT
(TONY)

131 — *La Mort de Duguesclin.* 260 Pavis

Signé à gauche.

(*N° 380 du Catalogue de l'Exposition Centennale de 1900.*)

Toile. Haut., 56 cent.; larg., 98 cent.

LAMI
(EUGÈNE-LOUIS)

132 — *L'Entrée de Son A. R. la duchesse d'Orléans aux Tuileries.* 16,500 Musée du Louvre

Devant une foule compacte, les officiers de la maison militaire de Son Altesse Royale, escortés par un escadron de cuirassiers, font au galop le tour du grand bassin des Tuileries pour prendre la tête du cortège qui doit précéder la voiture de la duchesse, que l'on aperçoit de l'autre côté du bassin.

Signé à gauche dans le piédestal de la statue.

(*N° 397 du Catalogue de l'Exposition Centennale de 1900.*)

Toile. Haut., 53 cent.; larg., 96 cent.

LAMI

(EUGÈNE-LOUIS)

133 — *Le Contrat de mariage.*

Dans un salon richement meublé, le notaire, assis devant une table, donne lecture des clauses du contrat. Le beau-père, les mains dans les poches, le futur les bras croisés, tenant d'une main son chapeau, sont debout au milieu du salon ; à droite sont assises la grand'mère, la mère, la fiancée et sa sœur.

Au fond de la pièce un officier se tient debout, dans la pénombre.

(N° 398 du Catalogue de l'Exposition Centennale de 1900.)

Toile. Haut., 47 cent.; larg., 65 cent.

LAMI

(EUGÈNE-LOUIS)

134 — *Le Combat de Claye, le 27 mars 1814.*

Sous une grêle de mitraille, les cuirassiers chargent avec furie et forcent l'entrée du village de Claye ; derrière eux, au milieu des morts et des blessés, arrive au grand galop le général à la tête de sa division, échelonnée dans une plaine immense.

Signé à droite.

(N° 394 du Catalogue de l'Exposition Centennale de 1900.)

Toile. Haut., 34 cent.; larg., 74 cent.

LAMI

(EUGÈNE-LOUIS)

135 — *La Voiture de gala.*

Sous un péristyle, plusieurs hauts personnages en grande tenue attendent l'approche de la voiture de gala attelée de deux chevaux fringants.

Au bas du perron se tient le valet de pied.

Toile. Haut., 70 cent.; larg., 96 cent.

LAMI
(EUGÈNE-LOUIS)

136 — *Napoléon Ier à cheval.* 420 S. Meyer

Toile. Haut., 33 cent.; larg., 24 cent.

LAMI
(EUGÈNE-LOUIS)

137 — *Portrait du général Lafayette.* 980 G. Bernheim

Toile. Haut., 21 cent.; larg., [illegible] cent.

LAMI
(EUGÈNE-LOUIS)

138 — *Portrait d'un Maréchal de France.* 860 Bernheim

Toile. Haut., 21 cent.; larg., 14 cent.

LAMI
(EUGÈNE-LOUIS)

139 — *Rentrée des cendres de Napoléon Ier.* 340 S. Meyer

Esquisse.

Toile. Haut., 29 cent.; larg., 28 cent.

LAMI
(EUGÈNE-LOUIS)

140 — *Deux études : Highlanders.* 520. Couvin

Toile. Haut., 30 cent.; larg., 14 cent.

Toile. Haut., 32 cent.; larg., 16 cent.

LANDSEER
(Attribué à)

141 — *L'Enfant craintif.* 85 H Bouard

Toile. Haut., [illegible] cent.; larg., 46 cent.

LANTARA
(SIMÉON)

142 — *Paysage.*

(*Collection Paul de Saint-Victor.*)

Bois. Haut., 22 cent.; larg., 42 cent.

LEFORT
(GEORGES)

143 — *Baigneuse.*

Signé à droite.

Toile. Haut., 56 cent.; larg. 53 cent.

LEPAULLE
(FRANÇOIS-GABRIEL)

144 — *Femme en toilette de bal.*

Signé à gauche.

Toile. Haut., 35 cent.; larg., 27 cent.

LEPAULLE
(FRANÇOIS-GABRIEL)

145 — *Portrait de Femme en décolleté.*

Signé à droite.

Toile. Haut., 59 cent.; larg., 43 cent.

LEPAULLE
(FRANÇOIS-GABRIEL)

146 — *Portrait de Femme en robe noire.*

Toile. Haut., 41 cent.; larg., 32 cent.

LÉPINE
(STANISLAS)

147 — *Les Terrassiers.*

Signé à droite.

Toile. Haut., 27 cent.; larg., 36 cent.

LÉPINE

(S.)

148 — *La Seine à Paris.* 1,000 Saint

Signé à gauche.

Bois. Haut., 16 cent.; larg., 23 cent.

LÉPINE

(S.)

149 — *Entrée de village.* 850 Ferre

A droite, atelier Lépine.

Bois. Haut., 23 cent.; larg., 15 cent.

LEVERT

150 — *Paysage.* 40 Lerolle

Signé à gauche.

Toile. Haut., 30 cent.; larg., 20 cent.

MÉRY

151 — *Combat d'abeilles et de frelons.* 100

Signé à gauche. Daté : *1866.*

Toile. Haut., 33 cent.; larg., 40 cent.

MÉRY

152 — *Le Nid tombé.* 110 Morgand

Signé à droite. Daté : *1877.*

Toile. Haut., 46 cent.; larg., 55 cent.

MÉRY

153 — *La Basse-cour.* 85 Mansuy

Signé à droite.

Toile. Haut., 41 cent.; larg., 33 cent.

MILLET

(J.-F.)

154 — *Etude de paysage.* 130 Miguet

(N° 72 de la vente Sensier, décembre 1877.)

Carton. Haut., 16 cent.; larg., 22 cent.

MALVOISIN
(RAYMOND-AUGUSTE-QUINSAC)

155 — *Episode des guerres d'Orient.*

Signé à gauche. Daté : *1832.*

Toile. Haut., 30 cent.; larg., 36 cent.

NOEL
(JULES)

156 — *Marché en Bretagne.*

C'est le jour du marché dans une ville bretonne. La rue, qui conduit à la place de l'église, est encombrée de voitures et de paysans venus de toutes les communes environnantes.

Signé à droite.

Toile. Haut., 54 cent.; long., 38 cent.

PIGAL
(EDME-JEAN)

157 — *Retour joyeux.*

Signé à droite.

Toile. Haut., 55 cent.; larg., 45 cent.

PISSARO
(CAMILLE)

158 — *Paysage en hiver.*

Signé à gauche.

Toile. Haut., 21 cent.; larg., 31 cent.

ROBERT-FLEURY

159 — *Le Sermon du curé.*

Esquisse.

Bois. Haut., 19 cent.; larg., 28 cent.

ROBERT-FLEURY

160 — *Portrait de Femme en décolleté.*

Signé à gauche.

Toile. Haut., 72 cent.; larg., 69 cent.

ROQUEPLAN
(CAMILLE)

161 — *Les Amoureux.*

Signé à droite. Daté : *1825.*

Toile. Haut., 41 cent.; larg., 23 cent.

ROQUEPLAN
(CAMILLE)

162 — *Paysage : soleil couchant.*

Signé à gauche.

Toile ovale. Haut., 22 cent.; larg., 27 cent.

ROQUEPLAN
(CAMILLE)

163 — *Marie-Madeleine.*

Signé à droite.

Toile. Haut., 62 cent.; larg., 49 cent.

ROQUEPLAN
(CAMILLE)

164 — *L'Apparition de la dame blanche.*

Signé à droite.

Toile. Haut., 46 cent.; larg., 38 cent.

ROQUEPLAN
(CAMILLE)

165 — *Vénus et l'amour.*

Signé à gauche.

Bois. Haut., 52 cent.; larg., 44 cent.

ROQUEPLAN
(CAMILLE)

166 — *Tout beau !*

Jeune femme, pour amuser sa fillette, fait faire le beau à son chien à l'aide d'un morceau de sucre.

Signé à gauche.

Bois. Haut., 36 cent.; larg., 27 cent.

ROQUEPLAN
(CAMILLE)

167 — *Femme jouant de la guitare.*

Signé à gauche.

Toile. Haut., 35 cent.; larg., 27 cent.

ROUSSEAU
(PHILIPPE)

168 — *Renard poursuivi par des chiens.*

Signé à gauche. A son ami *Georges.*

Toile. Haut., 52 cent.; larg., 32 cent.

ROUSSEAU
(PHILIPPE)

169 — *Esquisse pour une décoration.*

Toile ovale. Haut., 26 cent.; larg., 19 cent.

ROUSSEAU
(THEODORE)

170 — *Paysage.*

Esquisse à la terre de sienne : les nuages blancs s'enlèvent sur le ton gris du carton. Signé à gauche.

Carton. Haut., 50 cent.; larg., 68 cent.

ROUSSEAU
(Attribué à THEODORE)

171 — *Une Rue à Thiers (Puy-de-Dôme).*

A gauche les initiales : *Th. R.*

Toile. Haut., 38 cent.; larg., 31 cent.

SAINT-EVRE
(GILLOT)

172 — *Portrait de Mlle Georges dans le rôle de Christine.*

Signé à droite. Daté : *1828.*

(Vente de M. Georges et Hurel, 31 janvier 1903.)

Carton. Haut., 30 cent.; larg., 24 cent.

SCHEFFER
(ARY)

173 — *Portrait de Femme.* 200 H. Rouart

Signé à droite.

Toile. Haut., 45 cent.; larg., 37 cent.

SEBRON
(HIPPOLYTE)

174 — *Paysage italien.* 120

Signé à gauche. Daté : *1827*.

Toile. Haut., 39 cent.; larg., 53 cent.

TASSAERT
(OCTAVE)

175 — *Les Orphelins.*

Signé à gauche des initiales. 1000 Girard

Toile. Haut., 48 cent., larg., 35 cent.

TASSAERT
(OCTAVE)

176 — *Portrait de Femme blonde.* 280

Signé à gauche. [illegible]

Toile. Haut.; 63 cent.; larg., 53 cent.

TASSAERT
(Attribué à OCTAVE)

177 — *Les Mystères de Paris.* 255

Toile. Haut., 33 cent.; larg., 40 cent.

VERNET
(HORACE)

500 Ferre 178 — *Le Général Dumouriez et son état-major.*

Esquisse.

Toile. Haut., 37 cent.; larg., 46 cent.

VERNET
(HORACE)

1000 179 — *Portrait du Duc d'Angoulême.*

Signé à droite : *H. V.*

Toile. Haut., 53 cent.; larg., 43 cent.

AQUARELLES

PASTELS, DESSINS, MINIATURES

ALAUX
(JEAN)

180 — *Faune et bacchante.* 130 Chabrol

Dessin à l'encre de Chine. Signé à gauche.

Haut., 17 cent.; larg., 13 cent.

ALAUX
(JEAN)

181 — *Solitude.* 40

Sépia. Signée à droite.

Haut., 16 cent.; larg., 11 cent. 1/2.

ALAUX
(JEAN)

182 — *Sépia.* 30 Laurent

Haut., 11 cent.; larg., 14 cent.

ATTENDU
(F.)

183 — *Nature morte.* 22

Aquarelle. Signée à droite.

Haut., 16 cent.; larg., 10 cent.

AUBRY
(LOUIS-FRANÇOIS)

184 — *La Déclaration.* 500

Aquarelle.

Haut., 13 cent.; larg., 18 cent.

AUBRY
(LOUIS-FRANÇOIS)

185 — *Le Maréchal entouré de son état-major donne un ordre à un officier.*

Sépia.

Haut., 16 cent. 1/2.; larg., 23 cent.

BEAUME
(JOSEPH)

186 — *Bataille à l'école.*

Aquarelle. Signée à gauche.

Haut., 22 cent.; larg., 16 cent.

BEAUMONT
(ÉDOUARD DE)

187 — *Jeune Femme au perroquet.*

Aquarelle. Signée à gauche.

Haut., 23 cent.; larg., 15 cent. 1/2.

BELLANGÉ
(HIPPOLYTE)

188 — *Voyageurs demandant leur chemin.*

Aquarelle. Signée au milieu en bas.

Haut., 18 cent.; larg., 25 cent.

BELLANGÉ
(HIPPOLYTE)

189 — *L'Artiste et le porteur d'eau.*

Aquarelle. Signée à gauche.

Haut., 20 cent.; larg., 16 cent.

BELLANGER
(GEORGES)

190 — *Au Café.*

Dessin au fusain. Signé en haut à gauche.

(*N° 707 du Catalogue de l'Exposition Centennale de 1900.*)

Haut. 27 cent.; larg., 30 cent.

BÉRARD
(E. DE)

191 — *Navire en perdition.*

Encre de Chine. Signé à gauche.

Haut., 19 cent.; larg., 28 cent.

BÉRARD
(E. DE)

192 — *La Terrasse d'un château fort.*

Dessin à la gouache. Signé à droite.

Haut., 20 cent.; larg., 31 cent.

BÉRARD
(E. DE)

193 — *Navire en feu.*

Encre de Chine. Signé à droite.

Haut., 22 cent. 1/2.; larg., 31 cent. 1/2.

BONHOMMÉ
(FRANÇOIS-IGNACE)

194 — *Le Palais de cristal à Londres.*

Gouache. Signée à gauche : *1860.*

Collection Champfleury, n° 736 du Catalogue de l'Exposition Centennale 1900.

Haut., 46 cent.; larg., 58 cent.

BOUCHOT
(FRANÇOIS)

195 — *L'Enfant gâté.*

Sépia.

Haut., 16 cent. 1/2.; larg., 13 cent.

BOULANGER
(LOUIS)

196 — *Femme dans son oratoire.*

Aquarelle. Signée à droite.

Haut., 25 cent.; larg., 18 cent.

CALS
(ADOLPHE-FÉLIX)

197 — *Le Verger normand.*

Dessin. Signé à gauche. Daté : *1878.*

Haut., 18 cent.; larg., 28 cent.

CASSATT
(MARY)

198 — *Fillette en blanc.*

Pastel. Signé à droite.

Haut., 63 cent.; larg., 53 cent.

CHANDELLIER

199 — *Portrait de Femme.*

Aquarelle. Signée à droite.

Haut., 26 cent.; larg., 21 cent.

CHARLET
(TOUSSAINT-NICOLAS)

200 — *Un Mendiant entouré d'enfants.*

Aquarelle. Signée à gauche.

Haut., 26 cent.; larg., 32 cent.

CHASSELAT

201 — *Femme à sa toilette.*

Sépia.

Haut., 10 cent. 1/2; larg., 7 cent.

CHÉRET
(JULES)

202 — *Femme à la mandoline.*

Pastel. Signé à gauche.

Haut., 45 cent.; larg., 26 cent.

CICÉRI
(EUGÈNE)

203 — *Une Rue de province.*

Aquarelle. Signée à gauche. Datée : *1828.*

Haut., 9 cent.; larg. 13 cent.

CICÉRI
(EUGÈNE)

204 — *Vieilles maisons bretonnes.*

Aquarelle.

Haut., 28 cent.; larg., 22 cent.

CICÉRI
(EUGÈNE)

205 — *Paysage dans le Tyrol.*

Aquarelle. Signée à droite.

Haut., 17 cent.; larg., 26 cent.

COROT
(CAMILLE)

206 — *Paysage.*

Esquisse.

Dessin à la mine de plomb. Cachet de la vente à gauche.

Haut., 31 cent.; larg., 51 cent.

COROT
(CAMILLE)

207 — *Étude en Italie.*

Dessin à la plume. Cachet de la vente à gauche.

Haut., 36 cent.; larg., 20 cent. 1/2.

DAUMIER
(HONORÉ)

208 — *Dans la campagne.*

Aquarelle. Signée à gauche. A mon ami Gautier.

Haut., 18 cent.; larg., 13 cent.

DAUMIER
(HONORÉ)

209 — ***Mère et Enfant.***

Dessin au lavis à l'encre de Chine. Signé en haut à droite : *H. D.*

(N° 849 du Catalogue de l'Exposition Centennale de 1900.)

Haut., 16 cent. 1/2; larg., 14 cent. 1/2.

DAUZATS
(ADRIEN)

210 — *Portail d'une église.*

Gouache.

Haut., 23 cent.; larg., 19 cent.

DAUZATS
(ADRIEN)

211 — *Une Cathédrale.*

Aquarelle. Signée à droite.

Haut., 43 cent.; larg., 30 cent.

DAVID
(LOUIS)

212 — *L'Odalisque.*

Dessin à la mine de plomb. Signé à gauche.

Haut., 22 cent.; larg., 30 cent.

DECAMPS
(ALEXANDRE-GABRIEL)

213 — *Le Cocher de fiacre.*

Aquarelle. Signée à droite : *D. C.*

Haut., 21 cent.; larg., 18 cent.

DEGAS
(EDGARD)

214 — *L'Atelier de la modiste.*

Dans l'atelier, deux garnisseuses ; la première à gauche est vue de profil, la tête légèrement penchée, achève un chapeau de paille garni de rubans et d'une aigrette ; à droite, la seconde termine un chapeau de paille garni de fleurs et d'un ruban de velours. Sur la table, recouverte d'un tapis, une forme placée sur un champignon et quelques plumes.

Pastel. Signé en haut à gauche. Daté : *1882*.

Haut., 50 cent. ; larg., 70 cent.

DEGAS
(EDGARD)

215 — *Premier sujet.*

En jupe verte semée de fleurs, la danseuse remonte la scène. La toile de fond donne l'illusion de rochers roses au bord d'une mer bleue.

Pastel. Signé à gauche.

Haut., 56 cent. ; larg., 75 cent.

DEGAS
(EDGARD)

216 — *Danseuses.*

Près d'un portant, deux danseuses attendent le moment de leur entrée en scène.

Pastel. Signé en haut à gauche.

Haut., 29 cent. ; larg., 26 cent.

DEGAS
(EDGARD)

217 — *Le Pas battu.*

Un premier sujet en jupe de gaze saute avec grâce ; à droite, coupée dans le cadre, une danseuse la regarde.

Pastel. Signé à gauche.

Haut., 26 cent. ; larg., 29 cent.

DEGAS
(EDGARD)

218 — *Le Ballet.*

Au centre de l'éventail, le quadrille descend la scène ; à droite, au premier plan, le premier sujet va faire son entrée ; au fond, on aperçoit les jambes du deuxième quadrille.

Éventail sur soie. Signé à droite.

Haut., 19 cent.; larg., 60 cent.

DELACROIX
(EUGÈNE)

219 — *Femme assise.*

Aquarelle.

DELACROIX
(EUGÈNE)

220 — Copie d'après des enluminures.

A droite, cachet de la vente.

Haut., 32 cent.; larg., 23 cent.

DELAROCHE
(PAUL)

221 — *Portrait de Femme.*

Dessin à la mine de plomb. Signé à gauche : *P. D.*

Haut., 17 cent.; larg., 13 cent.

DELAROCHE
(PAUL)

222 — *Portrait de Mme De Nozanne.*

Dessin.

Haut., 19 cent.; larg., 14 cent.

DELARUE

223 — *Le Guignol.*

Dessin à la mine de plomb et au lavis.

Haut., 19 cent.; larg., 14 cent.

DESBOUTIN
(MARCELLIN)

224 — *Fillette tenant un chien sur les genoux.*

Dessin à la plume. Signé en haut à droite.

Haut., 45 cent.; larg., 36 cent.

DEVÉRIA
(ACHILLE)

225 — *Mère et Enfant.*

Aquarelle.

Haut., 11 cent.; larg., 16 cent.

DEVÉRIA
(ACHILLE)

226 — *Mère et Enfant.*

Aquarelle.

Haut., 17 cent.; larg., 14 cent.

DEVÉRIA
(ACHILLE)

227 — *Fillette. Epoque de 1820.*

Aquarelle.

Haut., 27 cent.; larg., 20 cent.

DEVÉRIA
(ACHILLE)

228 — *Jeune Femme dans son oratoire.*

Sépia

Haut., 19 cent.; larg., 17 cent.

DEVÉRIA
(ACHILLE)

229 — *Jeune Femme au clavecin.*

Dessin.

Haut., 29 cent.; larg., 24 cent.

DEVÉRIA
(EUGÈNE)

230 — *Femme lisant accroupie sur un lit.*

Sépia. Signée à gauche.

Haut., 21 cent.; larg., 17 cent.

DEVÉRIA
(EUGÈNE)

231 — *Femme assise auprès d'une fenêtre et cousant.*

Aquarelle. Signée à gauche. Datée : *1827.*

Haut., 17 cent.; larg., 26 cent.

DEVÉRIA
(EUGÈNE)

232 — *La Mère et la Fillette.*

Aquarelle. Signée à gauche. Datée : *1830.*

Haut., 19 cent.; larg., 16 cent.

DEVÉRIA
(EUGÈNE)

233 — *Scène pour une illustration.*

Aquarelle. Signée à droite. Datée : *1831.*

Haut., 24 cent.; larg., 30 cent.

DREUX
(ALFRED DE)

234 — *Cavaliers au galop.*

Aquarelle. Signée à droite.

Haut., 26 cent.; larg., 34 cent.

DROLLING
(MARTIN)

235 — *Portrait de Femme, coiffée d'un turban.*

Dessin au crayon noir rehaussé de blanc. Signé à droite.

Haut., 23 cent.; larg., 19 cent.

DURANDEAU

236 — *Les Recors à la porte de l'atelier d'un artiste.*

Aquarelle. Signée à droite.

Haut., 42 cent.; larg., 31 cent.

FÉROGIO

237 — *Les Savants ; effet de lumière.*

Aquarelle. Signée à gauche.

Haut., 17 cent.; larg., 14 cent.

FORAIN
(JEAN-LOUIS)

238 — *Femme près d'une fenêtre.*

Aquarelle. Signée à droite.

(*N° 935 du Catalogue de l'Exposition Centennale de 1900.*)

Haut., 42 cent.; larg., 29 cent.

FORAIN
(JEAN-LOUIS)

239 — *Oui, ma chère, on ne salue pas un monsieur qu'on voit en chapeau haute forme avant midi.*

Dessin à la plume, rehaussé. Signé à droite.

Haut., 47 cent.; larg., 38 cent.

FORAIN
(JEAN-LOUIS)

240 — *Dis donc encore que j'ai l'air d'un mufle en smoking !*

Dessin à la plume. Signé à droite.

Haut., 37 cent.; larg., 27 cent.

FORAIN
(JEAN-LOUIS)

241 — *Cent sous, j'aimerais mieux travailler !!!*

Dessin à la plume. Signé à droite.

Haut., 30 cent.; larg., 22 cent.

FORAIN
(JEAN-LOUIS)

242 — *Non, tu sais, j'la trouve raide! pas une fleur, pas un bonbon! d'ailleurs, tu ne r'çois que des mufles!*

Dessin à la plume.

Haut., 36 cent.; larg., 28 cent.

FORAIN
(JEAN-LOUIS)

243 — *Jeune Femme assise.*

Dessin à la plume. Signé à droite.

Haut., 22 cent.; larg., 21 cent.

FOURNIER
(F. DE)

244 — *Portrait de S. A. I. la Princesse Mathilde.*

D'après GIRAUD.

Dessin à la mine de plomb. Signé à gauche.

Haut., 12 cent.; larg., 10 cent.

FRAGONARD
(THÉOPHILE)

245 — *Le Sorbet.*

Aquarelle. Signée à gauche. Datée : *1832*.

Haut., 18 cent.; larg., 16 cent.

GARDANNE
(A.)

246 — *Un Hussard à cheval.*

Aquarelle. Signée à gauche.

Haut., 28 cent.; larg., 20 cent.

GARDANNE
(A.)

247 — *Cuirassier dans la neige.*

Aquarelle. Signée à droite.

Haut., 30 cent., larg., 23 cent.

GARNERET
(HIPPOLYTE)

248 — *Jeune Femme près d'une fenêtre.*

Sépia. Signée à droite. Datée : *1824*.

Haut., 12 cent. 1/2 ; larg., 8 cent. 1/2.

GAVARNI

249 — *Le Galop au bal de l'Opéra.*

Aquarelle. Signée à droite.

Haut., 22 cent. ; larg., 14 cent.

GAVARNI

250 — *La Partie d'échecs.*

Aquarelle. Signée à droite.

Haut., 22 cent. ; larg., 19 cent.

GAVARNI

251 — *Mère et Enfant.*

Aquarelle. Signée à droite. Datée : *1835*.

Haut., 16 cent. ; larg., 22 cent.

GENGEMBRE
(Z.)

252 — *Cheval de courses.*

Gouache. Signée à droite.

Haut., 27 cent. ; larg., 43 cent.

GÉRICAULT
(J.-L.-A. THÉODORE)

253 — *Soldat du Premier Empire.*

Dessin à la mine de plomb.

(*Collection Mène.*)

Haut., 20 cent. ; larg., 16 cent.

GIRARDET
(KARL)

254 — *Croquis à la mine de plomb.*

Cachet de la vente à droite.

Haut., 13 cent.; larg., 21 cent.

GIRAUD
(CH.)

255 — *Baudelaire en charge.*

Aquarelle.

Haut., 28 cent., larg., 20 cent

GIRARD
(LAURE)

256 — *Portrait de Femme.*

Dessin à la mine de plomb. Signé à droite. Daté : *1829.*

Haut., 24 cent.; larg., 25 cent.

GIRAUD
(P.-F. EUGÈNE)

257 — *Frédéric Lemaître dans les Saltimbanques.*

Dessin. Signé à droite. Daté : *1850.*

Haut., 53 cent.; larg., 40 cent.

GRANVILLE
(JEAN-IGNACE-ISIDORE)

258 — *Les Coléoptères en procession.*

Dessin à la plume rehaussé à l'aquarelle gommée.

Haut., 19 cent.; larg., 95 cent.

GRANIÉ

259 — *Portrait de Femme.*

Dessin sanguine et mine de plomb. Signé à gauche.

Haut., 31 cent.; larg., 22 cent.

GRANIÉ

260 — *Portrait de Femme.*

Dessin à la sanguine. Signé à gauche.

Haut., 21 cent.; larg., 20 cent.

GRÉVEDON
(PIERRE-LOUIS)

261 — *Portrait de Jeune Femme.*

Pastel. Signé à droite.

Haut., 41 cent.; larg., 27 cent.

GRÉVEDON
(PIERRE-LOUIS)

262 — *Portrait de Femme.*

Pastel. Signé à droite.

Haut., 28 cent.; larg., 21 cent.

GUÉRIN
(PIERRE)

263 — *Portrait de sa femme.*

Dessin au crayon noir.

(N° 1022 du Catalogue de l'Exposition Centennale de 1900.)

Haut., 24 cent.; larg., 18 cent.

GUIGNET
(JEAN-BAPTISTE)

264 — *Jeune Fille cueillant des fleurs.*

Pastel. Signé à droite.

Haut., 34 cent.; larg., 23 cent.

HAUDEBOURT-LESCOT
(H.-V.)

265 — *Le Choix d'un chapeau.*

Aquarelle. Signée à gauche.

Haut., 25 cent.; larg., 34 cent.

HAUDEBOURT-LESCOT
(H.-V.)

266 — *Portrait de Jeune Fille.*

Dessin à la sauce et à l'estompe. Signé des initiales : *H. L.*, à droite.

Ovale. Haut., 26 cent.; larg., 21 cent.

HEIM
(FRANÇOIS-JOSEPH)

267 — *Portrait de M. Delaville.*

Dessin au crayon noir. Signé à droite : *1827.*

Haut., 41 cent.; larg., 25 cent.

HEIM
(FRANÇOIS-JOSEPH)

268 — *Portrait du Roi Louis-Philippe. Esquisse.*

Dessin au crayon noir.

Haut., 31 cent.; larg., 15 cent.

HEIM
(FRANÇOIS-JOSEPH)

269 — *Portrait de M. de La Porte, maître des requêtes.*

Dessin au crayon noir.

Haut., 36 cent.; larg., 20 cent.

HEIM
(FRANÇOIS-JOSEPH)

270 — *Portrait de Jacques Laffitte.*

Dessin au crayon noir. Signé à droite : *H.* Daté : *1838.*

Haut., 33 cent.; long., 18 cent.

HEIM
(FRANÇOIS-JOSEPH)

271 — *Portrait de M. Laporte.*

Dessin au crayon conté. Signé à gauche.

Haut., 27 cent.; larg., 22 cent.

HEIM
(FRANÇOIS-JOSEPH)

272 — *Portrait de Girod de l'Ain.*

Dessin au crayon conté. Signé à droite : *H.*

Haut., 20 cent.; larg., 14 cent.

HEIM
(FRANÇOIS-JOSEPH)

273 — *Portrait de M. Dechomnen, député.*

Dessin au crayon noir. Signé à gauche : *H.*

Haut., 21 cent.; larg., 18 cent.

HEIM
(FRANÇOIS-JOSEPH)

274 — *Portrait de M. de Montguyon, député.*

Dessin. Signé à gauche : *H.*

Haut., 22 cent.; larg., 13 cent.

HELLEU

275 — *Jeune Femme, la main sur un bouton de porte.*

Dessin rehaussé de pastel. Signé à droite.

Haut., 74 cent.; larg., 47 cent.

HELLEU

276 — *Jeune Femme.*

Pastel. Signé à gauche

Haut., 48 cent.; larg., 36 cent.

HERVIER

277 — *Village de Saint-Chaumont.*

Aquarelle. Signée à droite en haut. Datée : *1867.*

Haut. 11 cent. 1/2; larg., 16 cent.

HERVIER

278 — *Les Moulins.*

Aquarelle. Signée à gauche. Datée : *1864.*

Haut., 10 cent.; larg., 13 cent.

HERVIER

279 — *Un Port à marée basse.*

Aquarelle. Signée à droite en haut.

Haut., 12 cent.; larg., 15 cent.

HERVIER

280 — *Étude de paysannes.*

Aquarelle. Signée à droite.

HERVIER

281 — *L'Atelier de l'artiste en 1870.*

Aquarelle. Signée à droite.

HESSE
(AUGUSTE)

282 — *Portrait de Femme.*

Sépia. Signée à gauche. Datée : *1817.*

Haut., 18 cent.; larg., 14 cent.

HOGUET

283 — *La Rue de village le jour du marché.*

Aquarelle. Signée à droite. Datée : *1845.*

Haut., 34 cent.; larg., 22 cent.

HOUBRON

284 — *Vue de Londres.*

Gouache.

Haut., 26 cent.; larg., 43 cent.

HUET
(PAUL)

285 — *Chaumière au bord d'un étang.*

Aquarelle. Signée à droite.

Haut., 14 cent.; larg., 19 cent.

INCONNU

286 — *Jeune Fille dans un parc.*

Initiales : *G. C.* Sepia.

Haut., 26 cent.; larg., 19 cent.

INCONNU

287 — *Jeune Femme cousant à l'ombre d'un arbre.*

Aquarelle.

Haut., 9 cent.; larg., 12 cent.

INCONNU

288 — *Les Amoureux.*

Dessin.

Haut., 19 cent.; larg., 27 cent.

INCONNU

289 — *Jeune Femme en costume Directoire.*

Dessin à l'estompe.

Haut., 47 cent.; larg., 32 cent.

INCONNU

290 — *Paysage.*

Aquarelle.

Haut., 14 cent., larg., 17 cent.

INCONNU

291 — *Portrait de Femme.*

Miniature. Epoque de 1820.

INCONNU

292 — *Portrait d'Homme.*

Miniature.

INCONNU

293 — *Jeune Femme.*

Dessin à l'estompe.

Haut., 30 cent.; larg., 23 cent.

INCONNU

294 — *Le Duc d'Enghien dans l'atelier de Canova.*

Dessin rehaussé à l'aquarelle.

Haut., 15 cent.; larg., 11 cent.

INCONNU

295 — *Personnage du temps de Louis XV, dans son intérieur.*

Sépia.

Haut., 9 cent.; larg., 6 cent., 1/2.

INCONNU

296 — *Portrait présumé de la comtesse de Northumberland.*

Miniature.

INCONNU

297 — *Napoléon Ier à cheval.*

Dessin.

Haut., 19 cent.; larg., 27 cent.

INCONNU

298 — *Un Campement la nuit.*

Aquarelle.

Haut., 16 cent.; larg., 21 cent.

INCONNU

299 — *Un Camp.*

Aquarelle.

Haut., 12 cent.; larg., 24 cent.

INCONNU

300 — ***Portrait** d'Alfred **de Musset** en charge.*

Initiales E. G. à droite.

Aquarelle.

Haut., 33 cent.; larg., 26 cent.

INCONNU

301 — *La Chaumière.*

Aquarelle.

Haut., 13 cent.; larg. 16 cent.

INCONNU

302 — *Cheval à l'écurie.*

Aquarelle.

Haut., 21 cent.; larg., 28 cent.

INCONNU

303 — *Trois Femmes dans un intérieur.*

Sépia.

Haut., 11 cent.; larg., 9 cent.

INCONNU

304 — *Le Concert.*

Aquarelle.

Haut., 17 cent.; larg., 23 cent.

INCONNU

305 — *Campement arabe.*

Aquarelle.

Haut., 12 cent.; larg., 24 cent.

INCONNU

306 — *Portrait d'un Officier.*

Pastel.

Haut., 9 cent.; larg., 16 cent.

INCONNU

307 — *Dessin à la plume et au lavis.*

Haut., 18 cent.; larg., 14 cent.

INCONNU

308 — *Portrait de Femme.*

Crayon noir et sanguine.

Haut., 51 cent.; larg., 31 cent.

JOHANNOT
(ALFRED)

309 — *La Partie d'échecs.*

Aquarelle. Signée à droite.

Haut., 16 cent.; larg., 11 cent.

JOHANNOT
(ALFRED)

310 — *En famille.*

Aquarelle. Signée à droite. Datée : *1829.*

Haut., 24 cent.; larg., 16 cent.

JOHANNOT
(ALFRED)

311 — *Sujet pour une illustration.*

Aquarelle. Signée à gauche.

Haut., 14 cent.; larg., 13 cent.

JOHANNOT
(TONY)

312 — *L'Enfant dort!*

Aquarelle. Signée à gauche.

Haut., 16 cent.; larg., 11 cent.

JOHANNOT
(TONY)

313 — *Une Dame en grande toilette tenant une petite paysanne par la main.* 210 Marie

Aquarelle. Signée à gauche.

Haut., 17 cent., larg., 13 cent.

JOHANNOT
(TONY)

314 — *Mort du Père de Jean-Bart.* 80 Laurent

Dessin plume et sépia. Signé à droite.

Haut., 8 cent., larg., 12 cent.

JOHANNOT
(TONY)

315 — *La Supplication d'une mère.* 235 Mori

Aquarelle. Signée à gauche. Daté : *1835.*

Haut., 15 cent.; larg., 12 cent.

JOHANNOT
(TONY)

316 — *Femme égyptienne.* 105

Dessin à la mine de plomb. Signé à gauche.

Haut., 17 cent.; larg., 13 cent.

LAMBRON

317 — *Le Clown et le nain.* 230 Chaine

Dessin rehaussé. Signé à droite.

Haut., 27 cent., larg., 18 cent.

LAMI
(EUGÈNE)

318 — *Les Marrons du feu* (Alfred de Musset).

Jeune femme en toilette Louis XV, corsage décolleté, se précipitant d'un geste violent sur un abbé debout, le corps penché en arrière dans l'attitude de la défense.

Aquarelle. Signée à gauche.

Haut., 10 cent.; larg., 15 cent.

LAMI
(EUGÈNE)

319 — *Il faut qu'une porte soit ouverte ou fermée* (Alfred de Musset).

Dans un salon élégant, le comte est à genoux devant la marquise, son chapeau dans une main et les pincettes dans l'autre.

Aquarelle.

Haut., 10 cent.; larg., 15 cent.

LAMI
(EUGÈNE)

320 — *Le Duc d'Orléans à cheval.*

Aquarelle. Signée à gauche. Datée : *1830.*

Haut., 19 cent.; larg., 15 cent.

LAMI
(EUGÈNE)

321 — *Soirée musicale.*

Dessin à la plume rehaussé d'aquarelle.

Haut., 13 cent.; larg., 18 cent.

LAMI
(EUGÈNE)

322 — *L'Arrivée au bal de l'Hôtel de Ville.*

Aquarelle. Signée à gauche. Datée : *1830.*

Haut., 20 cent.; larg., 27 cent.

LAMI
(EUGÈNE)

323 — *Femme en costume du temps de Henri II.*

Dessin à la plume rehaussé d'aquarelle.

Haut., 15 cent.; larg., 11 cent.

250
Langweil

LAMI
(EUGÈNE)

324 — *Une Galerie dans un musée.*

Aquarelle. Signée à droite.

Haut., 37 cent.; larg., 52 cent.

760
Musée de Lyon

LAMI
(EUGÈNE)

325 — *Étude dans une galerie d'exposition.*

Aquarelle.

Haut., 14 cent.; larg., 23 cent.

800
Mme J. Meyer

LAMI
(EUGÈNE)

326 — *La Partie des souverains.*

Aquarelle.

Haut., 11 cent.; larg., 15 cent.

775
Morel d'Arleux

LAMI
(EUGÈNE)

327 — *Trois croquis, rehaussés d'aquarelle.*

Signés à gauche : *E. L.*

Haut., 14 cent.; larg., 16 cent.

160
Lerolle

LAMI
(EUGÈNE)

328 — *L'Amazone.*

Aquarelle.

Haut., 14 cent.; larg., 11 cent.

420
Mme J. Meyer

LAMI
(D'après EUGÈNE)

329 — *Les Lanciers.*

Lithographie coloriée.

Haut., 25 cent.; larg., 30 cent.

LEROLLE
(HENRI)

330 — *La Plaine.*

Dessin rehaussé. Signé à gauche.

Haut., 18 cent.; larg., 24 cent.

LESSORE
(EMILE)

331 — *Enfants jouant au bord de l'eau.*

Aquarelle. Signée à droite.

Haut., 35 cent.; larg., 49 cent.

LEVERT

332 — *Paysage.*

Aquarelle. Signée à gauche.

Haut., 17 cent.; larg., 25 cent.

LEVERT
(LÉOPOLD)

333 — *Chemin à travers champs.*

Aquarelle. Signée à gauche.

Haut., 15 cent.; larg., 20 cent.

LEVERT
(LÉOPOLD)

334 — *Jeune Pêcheuse tricotant.*

Aquarelle. Signée à gauche.

Haut., 28 cent.; larg., 20 cent.

LEVERT
(LÉOPOLD)

335 — *Le Moulin.*

Aquarelle. Signée à gauche.

Haut., 14 cent.; larg., 22 cent.

LEVERT
(LÉOPOLD)

336 — *Les Sapins.*

Dessin au fusain. Signé à gauche.

Haut., 22 cent.; larg., 18 cent.

LEVERT
(LÉOPOLD)

337 — *La Tour à la Queue-en-Brie.*

Dessin à la plume. Signé à gauche.

Haut., 24 cent.; larg., 14 cent.

LEVERT
(LÉOPOLD)

338 — *Le Pont.*

Dessin à la mine de plomb. Signé à droite.

Haut., 15 cent.; larg., 11 cent.

LEVERT
(LÉOPOLD)

339 — *Le Clocher du village.*

Dessin à la plume. Signé à gauche.

Haut., 21 cent.; larg., 17 cent.

LEVERT
(LÉOPOLD)

340 — *L'Étang.*

Aquarelle. Signée à gauche.

Haut., 22 cent.; larg., 28 cent.

LEVERT
(LÉOPOLD)

341 — *Paysage.*

Aquarelle. Signée à gauche.

Haut., 17 cent.; larg., 24 cent.

LEVERT
(LÉOPOLD)

342 — *Les Saules.*

Dessin au fusain. Signé à gauche.

Haut., 17 cent.; larg., 25 cent. 1/2.

LOEILLOT
(HARTWIG-KARL)

343 — *Jeune Femme et Enfant.*

Aquarelle. Signée à gauche.

Haut., 33 cent.; larg., 25 cent.

LOEILLOT
(H.-K.)

344 — *Feld-Maréchal.*

Dessins à la plume rehaussés d'aquarelle. Deux pendants. Signés à gauche.

Haut., 19 cent.; larg., 14 cent.

MÉRY

345 — *Les Chats et les souris.*

Gouache.

Haut., 53 cent.; larg., 37 cent.

MILLET
(JEAN-FRANÇOIS)

346 — *Chemin montant à travers champs.*

Dessin à la plume. Cachets de la vente : *J. F. M.*

Haut., 27 cent.; larg., 20 cent.

MILLET
(J.-F.)

347 — *L'Été.*

Dessin rehaussé de pastel. A droite, le cachet de la vente.

Haut., 34 cent.; larg., 19 cent.

750 Chauve

MILLET
(J.-F.)

348 — *Personnage en costume Moyen-âge.*

Aquarelle. Signée à gauche.

Haut., 41 cent.; larg., 21 cent.

1000 Chauve

MILLET
(JEAN-FRANÇOIS)

349 — *Les Glaneuses.*

Dessin. Signé à droite : *J. F. M.*

Haut., 15 cent.; larg., 26 cent.

500 Strohlin

MILLET
(Attribué à JEAN-FRANÇOIS)

350 — *Sous bois.*

Dessin au fusain.

Haut., 29 cent.; larg., 34 cent.

320 Chauve

MILLET
(FRÉDÉRIC)

351 — *Portrait de Femme en corsage bleu.*

Miniature. Signée à droite. Datée : *1830.*

Haut., 8 cent.; larg., 7 cent.

140

MILLET
(FRÉDÉRIC)

352 — *Portrait d'Homme.*

Miniature. Signée à droite.

MONNIER
(HENRI)

353 — *Portrait de Femme.*

Dessin à la mine de plomb. Signé à droite. Daté : *1838*.

Haut., 23 cent.; larg., 17 cent.

MONNIER
(HENRI)

354 — *Le Postillon.*

Aquarelle. Signée à droite. Datée : *1854*.

Haut., 28 cent.; larg., 18 cent.

MOULLINS
(L.)

355 — *Dessin rehaussé.*

Signé à droite.

Haut., 9 cent.; larg., 13 cent.

NANTEUIL
(CÉLESTIN)

356 — *Le Fauconnier.*

Aquarelle. Signée à droite.

NANTEUIL
(CÉLESTIN)

357 — *L'Alchimiste.*

Aquarelle. Signée à droite.

Haut., 52 cent.; larg., 33 cent.

OUVRIÉ
(Attribué à JUSTIN)

358 — *Granville.*

Aquarelle.

Haut., 10 cent. 1/2; larg., 14 cent. 1/2.

OUVRIÉ

(Attribué à JUSTIN)

359 — *Venise.* 300

Aquarelle.

Haut., 11 cent.; larg., 1[illegible] cent.

OUVRIÉ

(Attribué à JUSTIN)

360 — *Le Port de Gênes.* 190 Rouart

Aquarelle.

Haut., 1[illegible] cent.; larg., 21 cent.

OUVRIÉ

(Attribué à JUSTIN)

361 — *Intérieur de l'église Saint-Pierre, à Caen.*

Aquarelle.

Haut., 1[illegible] cent.; larg., 1[illegible] cent.

PASSOT

(GABRIEL-ARISTIDE)

362 — *Portrait de Femme.* 160 Mme J. Meyer

Miniature. Signée à droite. Datée : *18*[illegible].

Haut., [illegible] cent.; larg., 1[illegible] cent.

PAUQUET

363 — *Balzac et la Duchesse.* 205 Lebrégier

Aquarelle. Signée à droite. Datée : *18*[illegible].

Haut., [illegible] cent.; larg., 1[illegible] cent.

PIETTE

(L.)

364 — *Le Moulin à eau.* 150 Chaine

Gouache. Signée à droite.

Haut., 15 cent.; larg., 26 cent.

POTERLET

365 — *Trois Portraits.*

A la mine de plomb. Signés à gauche.

PRADIER

366 — ***Mère et Enfant.***

Dessin à la mine de plomb. Signé à gauche.

Haut., 17 cent.; larg., 14 cent.

RAFFET
(D.-A.-M.)

367 — *Officiers de guides en reconnaissance.*

Sépia.

Haut., 15 cent.; larg., 4 cent.

RAFFET
(D.-A.-M.)

368 — *Un Cavalier géorgien.*

Aquarelle.

(*Vente San Donato.*)
(*Vente Mène, 1899.*)

Haut., 32 cent.; larg., 23 cent

RAFFET
(D.-A.-M.)

369 — ***Un Géorgien.***

Aquarelle. Signée à gauche.

(*Vente San Donato.*)
(*Vente Mène, 1899.*)

Haut., 29 cent.; larg., 22 cent

RAMELET

370 — *Fête au village.*

Aquarelle. Signée à droite.

Haut., 54 cent. 1/2; larg., 8 cent.

RIBOT
(THÉODULE-AUGUSTIN)

371 — *Tête de Femme âgée.*

Aquarelle.

Haut., 16 cent.; larg., 12 cent.

ROBERT
(FLEURY-JOSEPH)

372 — *La Consultation.*

Aquarelle. Signée à gauche. Datée : *1832.*

Haut., 21 cent.; larg., 15 cent.

ROCHARD
(J.-S.)

373 — *Jeune Femme.*

Aquarelle.

Haut., 13 cent.; larg., 9 cent.

ROQUEPLAN
(CAMILLE)

374 — *Les Amoureux.*

Aquarelle. Signée à droite. Datée : *1842.*

Haut., 21 cent.; larg., 16 cent.

SIGALON
(XAVIER)

375 — *Le Goutteux.*

Aquarelle. Signée à gauche.

Haut., 41 cent.; larg., 31 cent.

TASSAERT
(OCTAVE)

376 — *Jeune Femme.*

Dessin à l'estompe. Signé à droite.

Haut., 41 cent.; larg., 25 cent.

TASSAERT
(Attribué à OCTAVE)

377 — *Les Amoureux.*

Dessin à l'estompe.

Haut., 30 cent.; larg., 38 cent.

TATÉ

378 — *Pierrot.*

Gouache. Signée à droite.

Haut., 13 cent.; larg., 10 cent.

TILMONT

379 — *L'Artiste peintre dans l'atelier.*

Sépia. Signée à gauche. Datée : *1833.*

Haut., 19 cent. 1/2; larg., 15 cent. 1/2.

TILMONT

380 — *Une Femme âgée dans sa chambre.*

Sépia. Signée à gauche. Datée : *1833.*

Haut., 16 cent. 1/2; larg., 14 cent.

VERNET
(HORACE)

381 — *La Toilette de bébé.*

Sépia. Signée à droite : *H. V.*

Haut., 15 cent.; larg., 10 cent.

VERNET
(HORACE)

382 — *La Barricade.*

Sépia.

Haut., 19 cent. 1/2; larg., 22 cent.

VERNET
(HORACE)

383 — *Portrait de Femme.* 200 Mme S Meyer

Dessin à la mine de plomb. Signé à droite : *H. V.*

Haut., 17 cent.; larg., 13 cent.

VERNET
(HORACE)

384 — *Deux Dames en toilette. Époque de 1820.* 235 Chaine

Aquarelle. Signée à droite : *H. V.*

Haut., 20 cent.; larg., 15 cent.

VERNET
(HORACE)

385 — *Jeune Femme en costume de l'Empire.* 280 Chaine

Aquarelle. Signée à droite.

Haut., 18 cent. 1/2; larg., 14 cent.

VERNET
(HORACE)

386 — *Femme en toilette. Époque de 1820.* 280 Chaine

Dessin rehaussé. Signé à droite.

Haut., 18 cent.; larg., 14 cent.

VERNET
(HORACE)

387 — *Le Conscrit, l'arme au pied.* 225 Guillaume

Mine de plomb.

Haut., 15 cent. 1/2; larg., 11 cent.

VERNET
(HORACE)

388 — *Cavalier au repos.*

Mine de plomb. Signée à droite.

Haut., 11 cent.; larg., 16 cent.

VERNET
(HORACE)

389 — *La Gouvernante; costume Louis XIII.*

Dessin rehaussé d'aquarelle. Initiales à droite.

Haut., 16 cent.; larg., 12 cent.

VERNET
(HORACE)

390 — *Jeune Femme en costume Louis XIII.*

Dessin à la mine de plomb rehaussé. Initiales à droite.

Haut., 16 cent.; larg., 12 cent.

VILLEVIEILLE

391 — *Bords de rivière.*

Fusain. Signé à droite.

Haut., 58 cent.; larg., 32 cent.

WATTIER
(E.)

392 — *Jeune Femme et Fillette.*

Sépia. Signée à gauche.

Haut., 8 cent. 1/2; larg., 12 cent.

WINTERHALTER

393 — *La Princesse Marie.*

Aquarelle. Datée : *août 1845.*

Haut., 32 cent.; larg., 21 cent.

WINTERHALTER

394 — *La Reine Marie-Amélie.*

Aquarelle.

Haut., 30 cent.; larg., 19 cent.

WINTERHALTER

395 — *Le Prince de Joinville.*

Aquarelle. Datée : *1845.*

Haut., 35 cent. ; larg., 21 cent.

WINTERHALTER

396 — *Le Prince Albert.*

Aquarelle. Datée : *1845.*

Haut., 35 cent. ; larg., 21 cent.

YUNG

(THEODORE)

397 — *Rue de village en Alsace.*

Aquarelle. Signée à gauche.

Haut., 19 cent. ; larg., 11 cent. 1/2.

AQUARELLES ET DESSINS EN CARTON

PHILIPPOTEAUX

(F.-H.-E.)

398 — *Vingt-cinq dessins à la mine de plomb pour diverses illustrations. Division.*

CHARLET

399 — *Trois dessins rehaussés d'aquarelle.*

(*Vente Mène 1899.*)

400 — *Deux sépias.*

(*Vente Mène 1899.*)

CARAN-D'ACHE

401 — *Deux aquarelles.*

DUFEU

(E.)

402 — *Cinq dessins à la plume.*

VERNET

(JOSEPH)

403 — *Un Port italien.*

Dessin à la plume.

ALIGNY

(TH.)

404 — *Paysage.*

Sépia.

GIRAUD

405 — *Un Arabe.*

Aquarelle.

COUTURE
(THOMAS)

406 — *Deux dessins : études.* 18

HERVIER

407 — *Croquis.*

Rehaussés.

VERNET
(HORACE)

408 — *Femme du temps de 1820.* 50

Dessin rehaussé d'aquarelle. Signé à droite.

CHARLET
(T.-N.)

409 — *Femme vue de profil.*

— *Femme vue de dos.*

Dessins à la mine de plomb.

INCONNU

410 — *Deux dessins à la mine de plomb.* 25

VILLEVIEILLE

411 — *Deux dessins à la plume.*

LEVERT
(LÉOPOLD)

412 — *Trois dessins à la plume.* 35

BIDA
(ALEXANDRE)

413 — *Neuf dessins au crayon conté.*

414 — *Cinq dessins à la plume.*

415 — *Trois aquarelles.*

LAMI
(EUGÈNE)

416 — *Sept croquis à la mine de plomb. Architecture.*

LAMI
(EUGÈNE)

417 — *Cinq aquarelles, esquisses pour la décoration des panneaux de portes du château de Ferrières.*

21 avril 1862.

LEVERT
(LÉOPOLD)

418 — *Zouave*, d'après Pils.

Aquarelle. Signée à droite.

419 — *Garde-française.*

Aquarelle. Signée à droite.

INCONNU

420 — *Huit dessins rehaussés d'aquarelle : la Mode des dames en 1820*

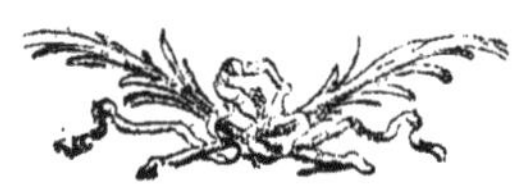

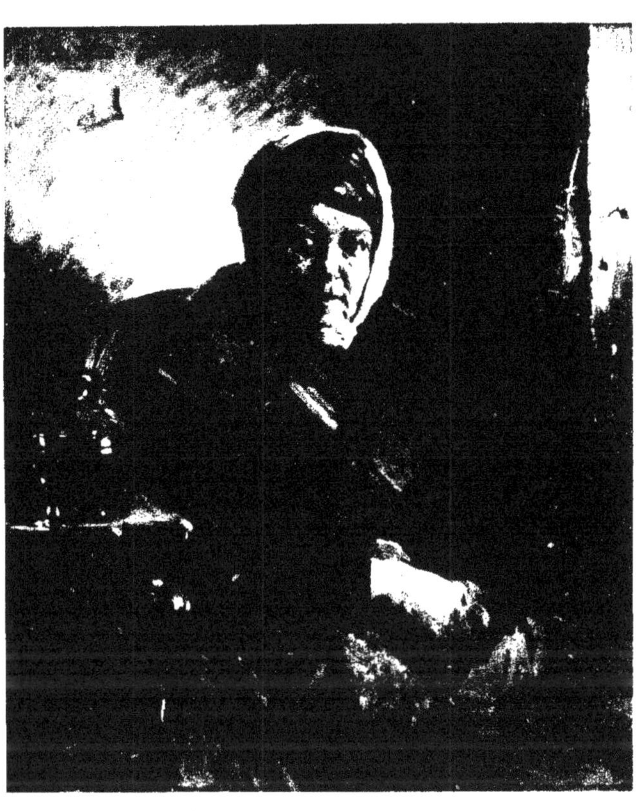

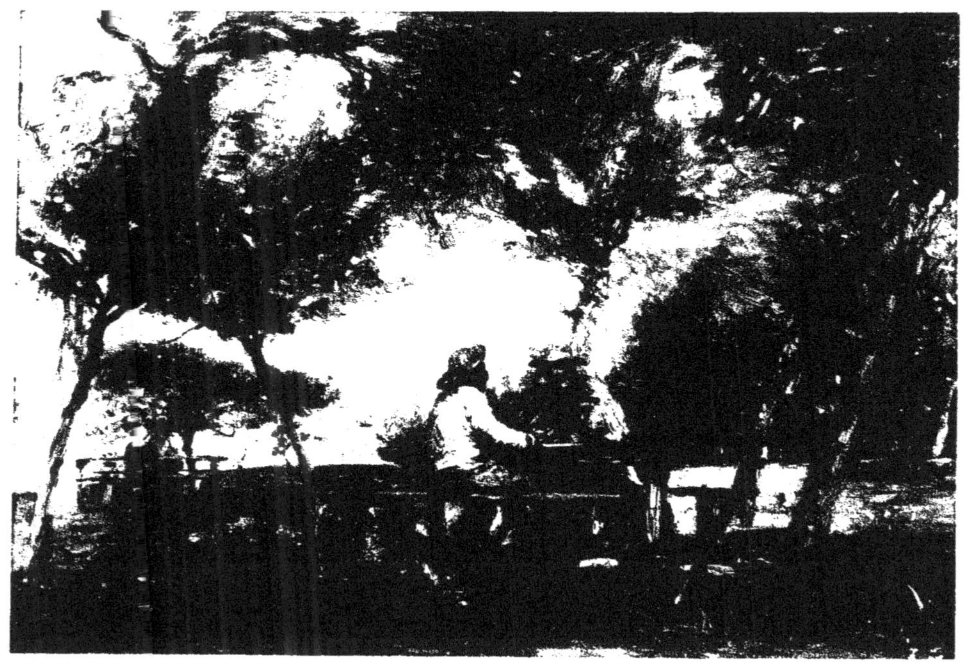

15

IMP. FORTIER A MAROTTE

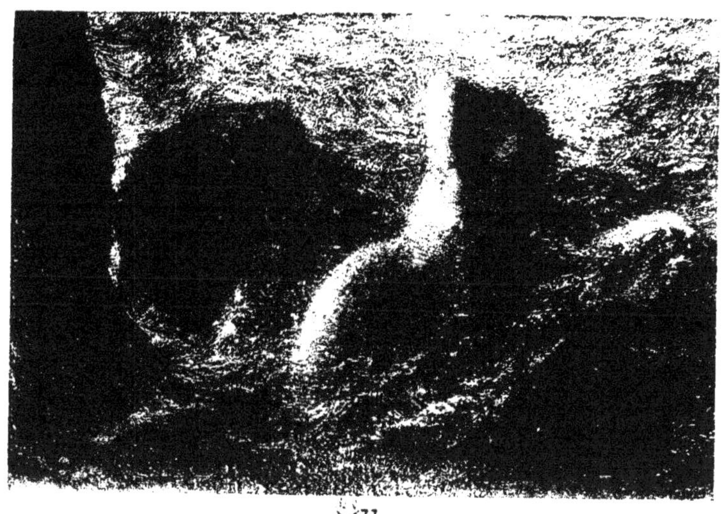

77

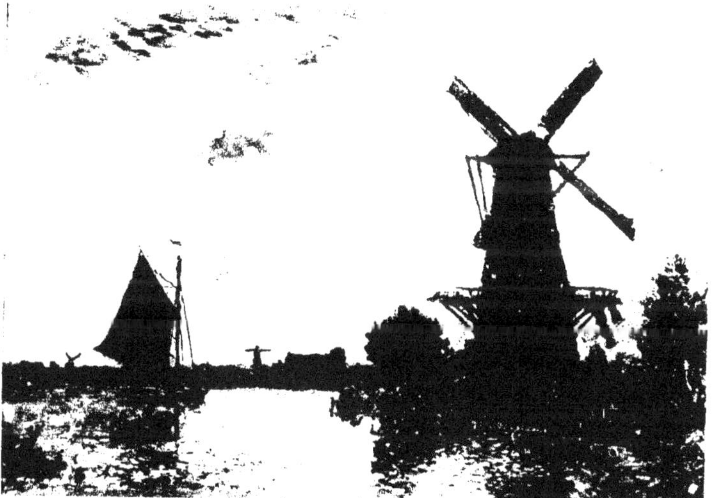

127

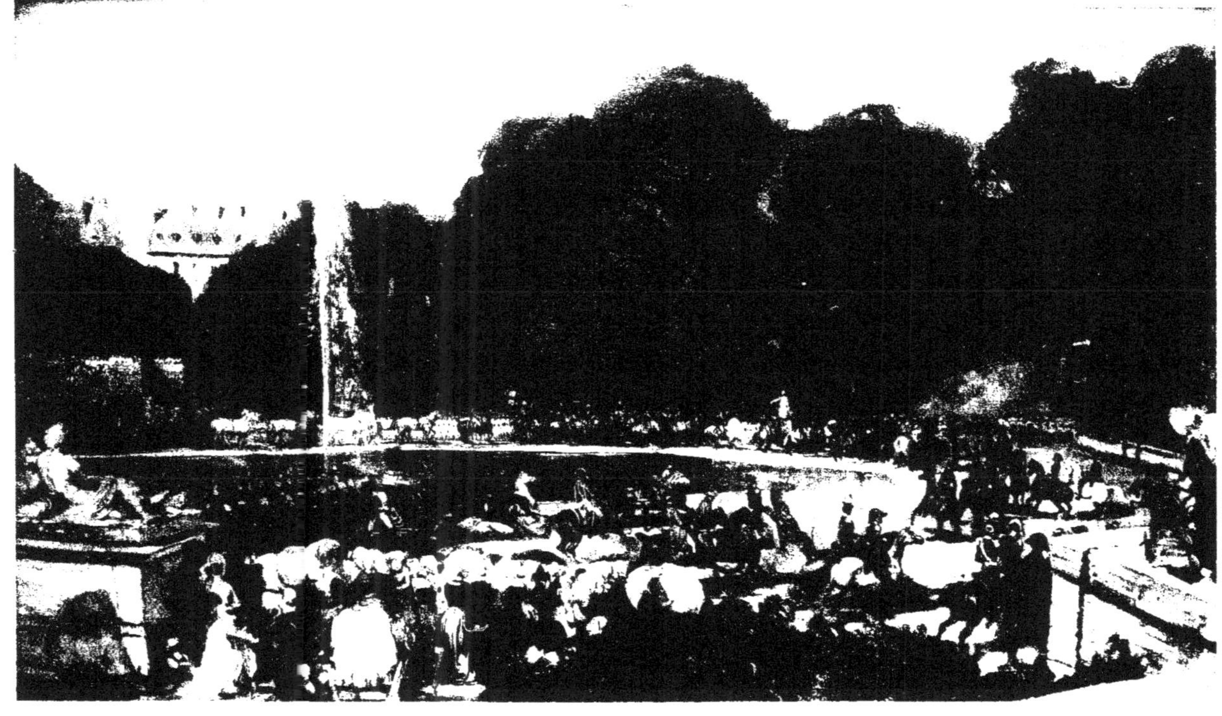

IMP. FORTIER & MAROTTE

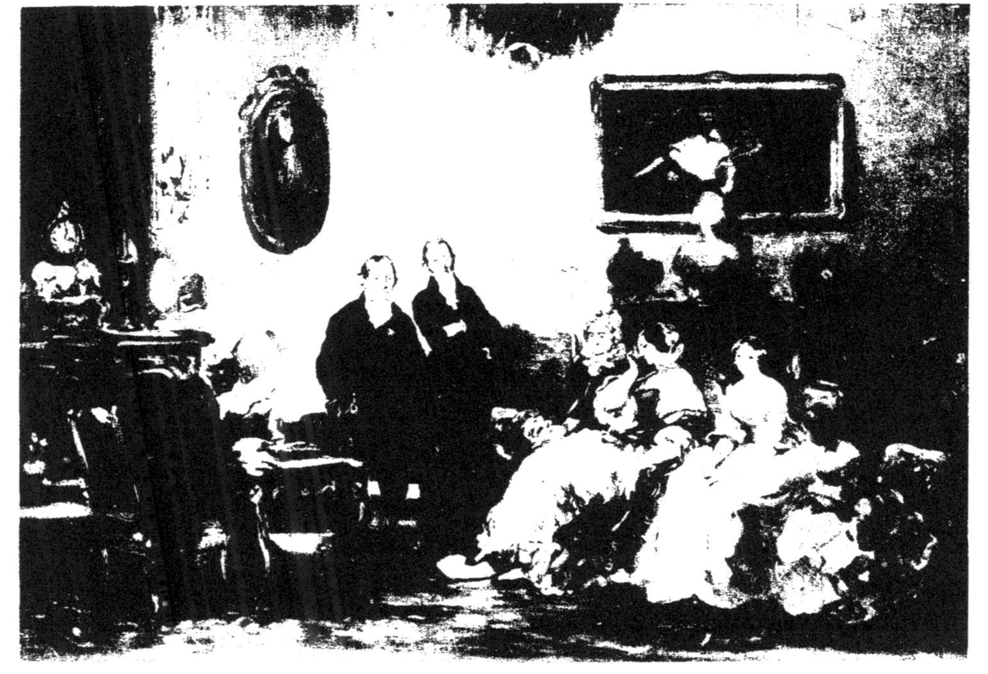

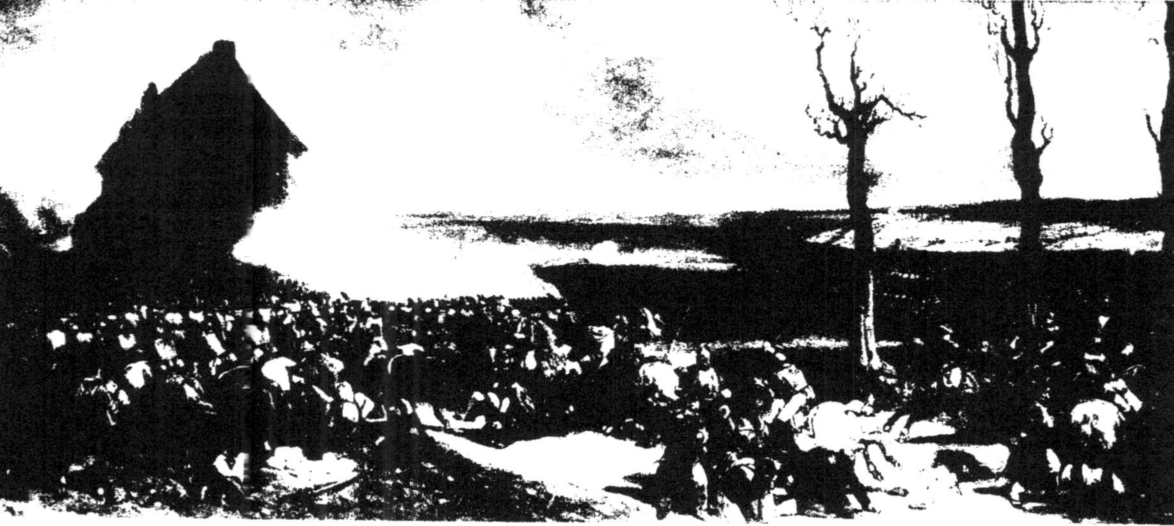

IMP. DRUET & MAROTTE

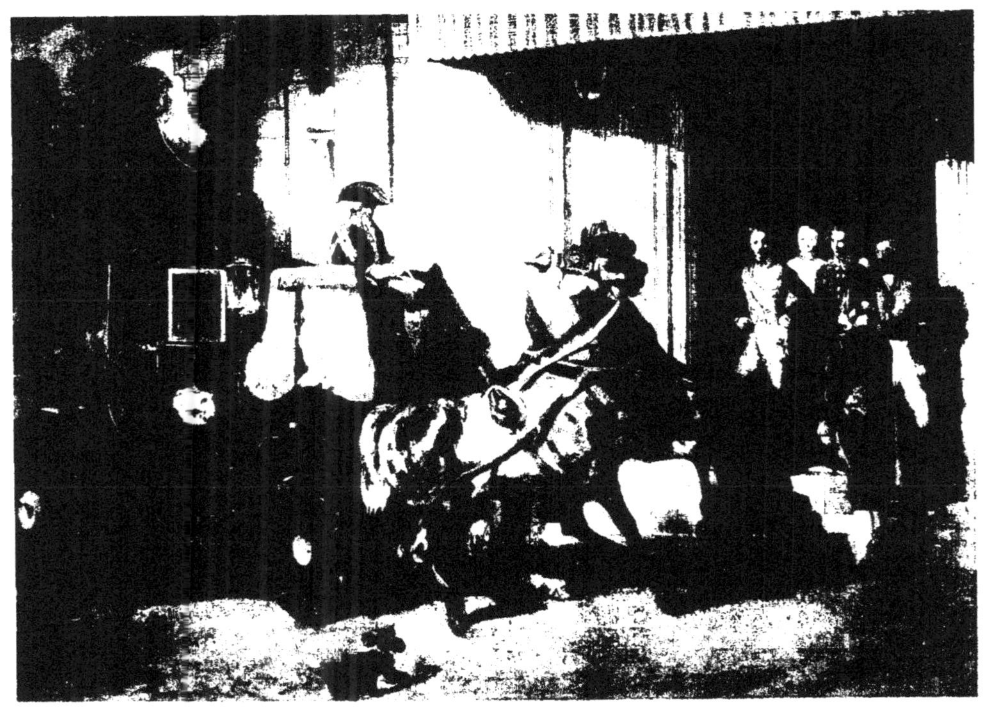

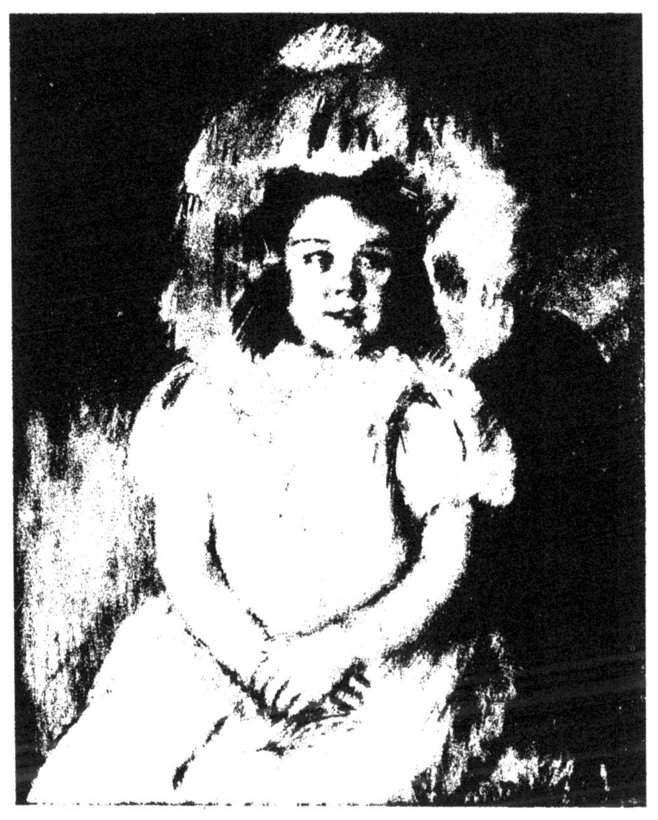

[illegible] & MAROTTE

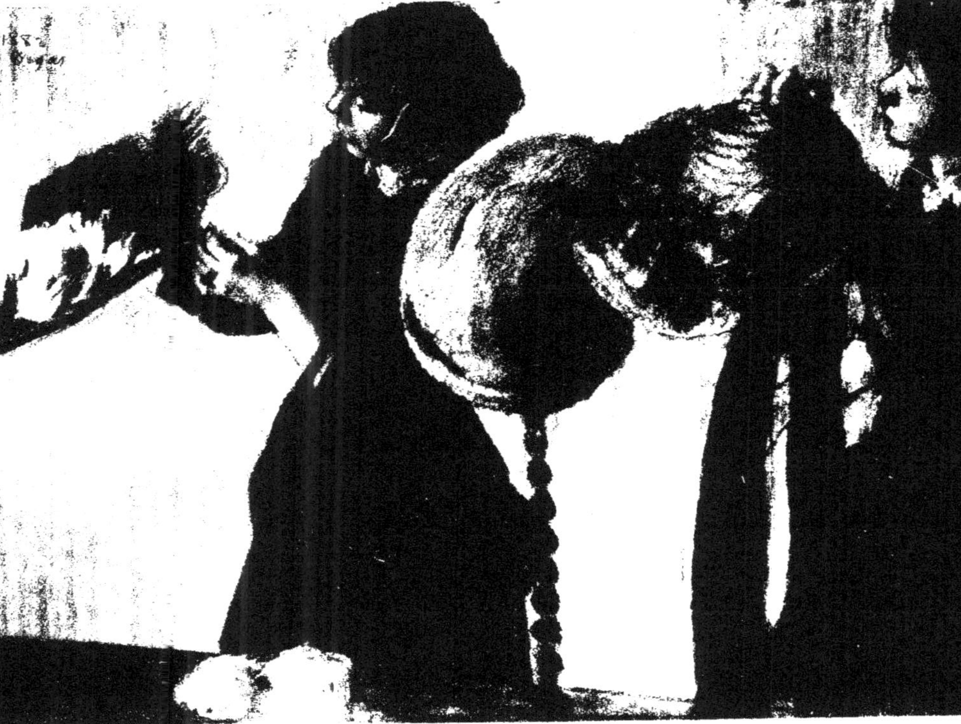

IMP. FORTIER & MAROTTE

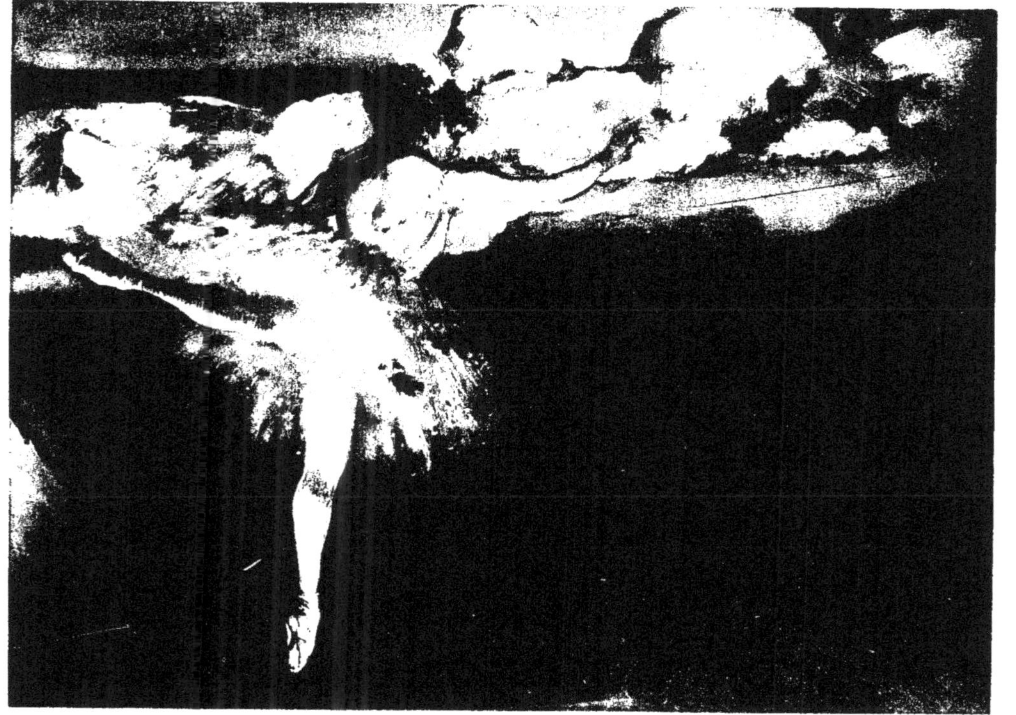

215

IMP. FORTIER & MAROTTE

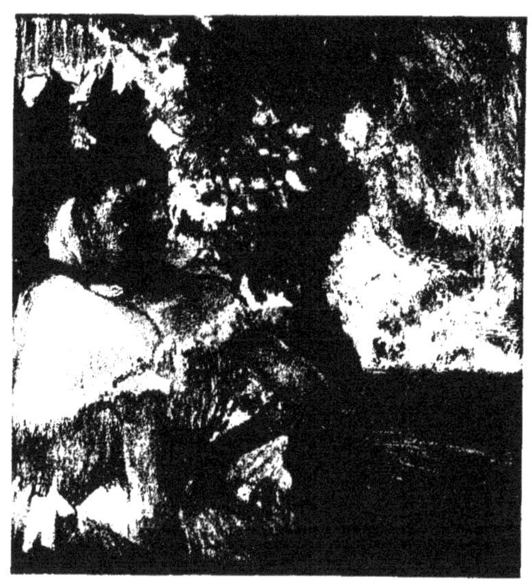

216

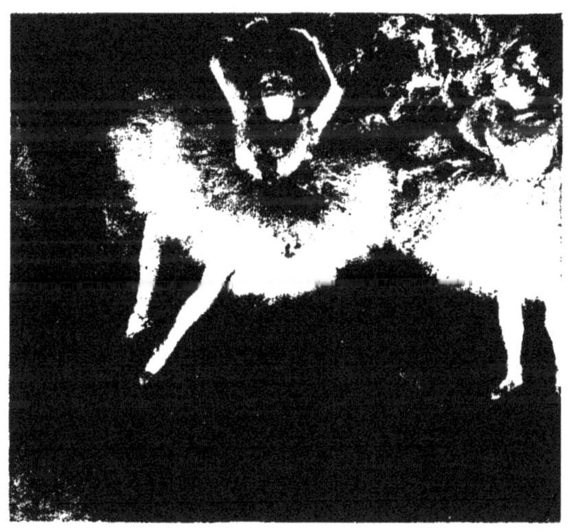

217

IMP. FORTIER & MAROTTE

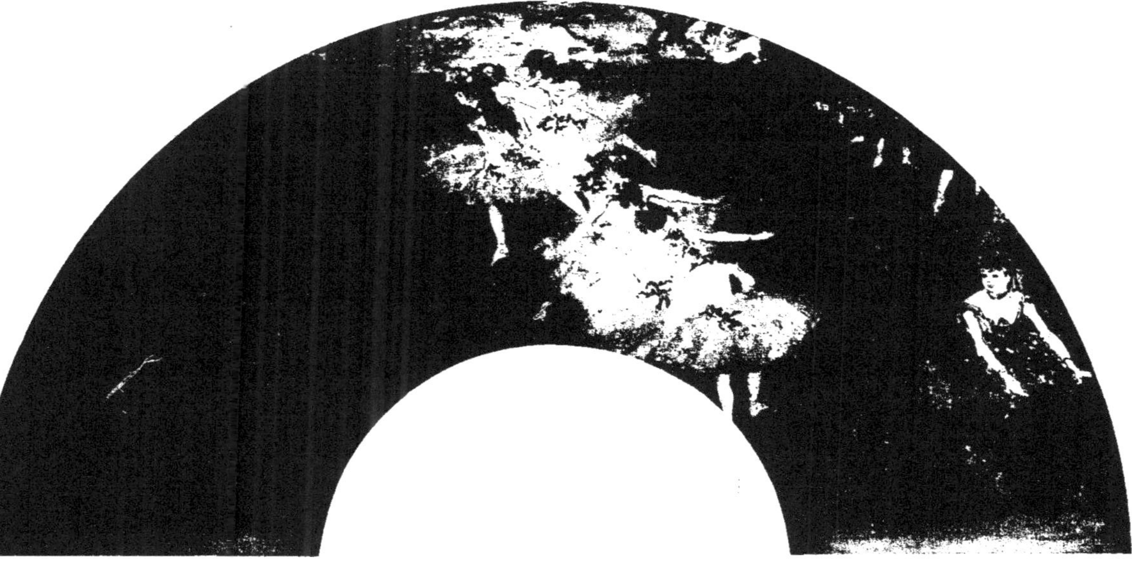

218

IMP FORTIER & MAROTTE

www.ingramcontent.com/pod-product-compliance
Ingram Content Group UK Ltd.
Pitfield, Milton Keynes, MK11 3LW, UK
UKHW020314180726
13839UKWH00001B/462